D1930593

Das Beste erleben

Wandern, klettern, schlemmen, staunen …
hier haben wir unsere zwölf Topideen
für Ihren Aufenthalt in Südtirol zusammengetragen.

Grüne Wunder

* 1 *

SEISER ALM

Almwiesen vor Zackenbergen – in dem nahezu autofreien Naturjuwel lässt sich urlauben wie im Bilderbuch.

Seite 59

* 2 *

RITTNER ERDPYRAMIDEN

Die Lehmsäulen, die auf der Spitze einen Deckstein balancieren, gelten als Naturwunder.

Seite 95

* 3 *

PRAGSER WILDSEE

Wegen seines karibikblauen Leuchtens halten ihn viele für den schönsten See des Landes.

Seite 112

* 4 *

DREI ZINNEN

Das unverwechselbare Dreigestirn der Dolomiten will jeder Südtirol-Besucher umrunden oder zumindest sehen – besonders wenn sich die Bergblumen wie ein Teppich über die Geröllhalden legen.

Seite 113

Reiner Genuss

* 5 *

TÖRGGELEN

Zur Erntezeit von Wein und Kastanien locken Buschenschänken im Eisacktal mit bäuerlichen Spezialitäten.

Seite 76

* 6 *

SÜDTIROLER WEINSTRASSE

Auf einer Weinsafari kann man die Vielfalt Südtiroler Weine kosten und mit Winzern ins Gespräch kommen.

Seite 96

Buongiorno!

Unsere Autorin, die Reisejournalistin Margit Kohl, hat sich in einem kleinen Wäldchen im Park von „Tauber's Biovital Hotel" in Leintücher gewickelt und komplett von duftenden heißen Latschenkiefernadeln bedecken lassen – eine Wohltat für Gelenke und Atemwege! Mit einem erfrischenden Bad im Naturteich endete das Freiluftritual. Besser kann man die Kräfte der Natur wohl kaum nutzen. Wellness in Südtirol ist ausgefallen: Möchten Sie vielleicht Entspannung mit Gletscherstaub und Bienenluft genießen? Dann schauen Sie mal auf S. 37!

STERNERESTAURANTS CONTRA BERGHÜTTEN

Nicht nur Wellness erregt hier Aufsehen. Mit 24 Michelin-Sternen nehmen Südtirols Gourmetköche einen der Spitzenplätze in Italien ein. Natürlich kochen sie in Gourmetrestaurants, aber auch Berghütten bieten Küche für Schlemmer. Bei meinem letzten Südtirol-Aufenthalt kehrte ich auf Empfehlung von Margit Kohl in Franz Mulsers Almhütte auf der Seiser Alm ein und traute meinen Augen nicht: Die Heublumensuppe war ein kleines Kunstwerk (s. S. 55) und schmeckte sensationell. Weitere gute Adressen finden Sie auf S. 56.

WANDERN IN GRANDIOSER BERGWELT

Meine Lieblingstour rund um die Drei Zinnen wird auf S. 113 beschrieben, aber auch den Yakauftrieb mit Reinhold Messner möchte ich Ihnen ans Herz legen. Unser Fotograf Frank Heuer war dabei, als der berühmte Alpinist die Herde auf die Sommerweide brachte. Das Wetter war nicht gerade sommerlich (S. 41), aber das kann einen Bergsteiger nicht erschüttern!

Herzlich

Ihre

Birgit Borowski

Birgit Borowski
Redaktion DUMONT Bildatlas

»DAS LAND HIER … IST WUNDERSCHÖN, UND DAS KLIMA IST DAS ANGENEHMSTE, DAS SICH DENKEN LÄSST.«

Henrik Ibsen, 1876 in einem Brief aus Gossensaß (bei Sterzing)

Um den schönsten Blick auf die Drei Zinnen zu haben, muss man den Paternkofel erklimmen, weiß unser Fotograf Frank Heuer. Bei ihren Italienreisen plant Margit Kohl, langjährige Reisechefin der Süddeutschen Zeitung, stets einen Stopp in Südtirol ein – kein Wunder bei solchen Wellnessangeboten!

78

Wer hätte es gedacht: Die Landeshauptstadt Bozen ist zugleich Südtirols drittgrößte Weinbaugemeinde.

Die Drei Zinnen sind das markante Wahrzeichen der Dolomiten.

98

In Brixen machten deutsche Kaiser auf dem Krönungsweg Station.

62

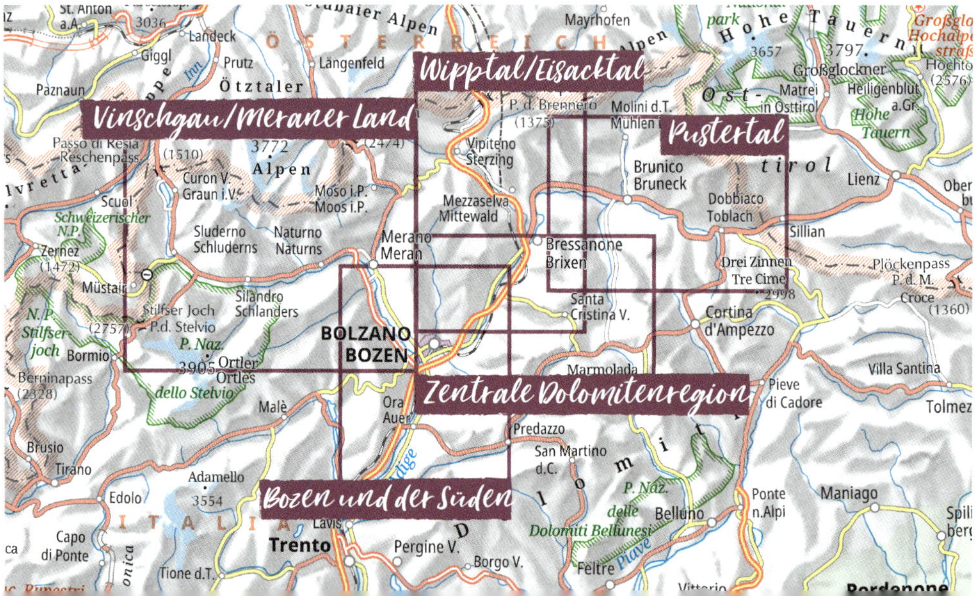

Große Kunst

• 7 •

MUSEION BOZEN

Der futuristische Kubus voller bedeutender Gegenwartskunst leuchtet nachts als bespielte Medienfassade.

Seite 95

• 8 •

MMM CORONES

Das moderne Messner Mountain Museum auf dem Kronplatz, entworfen von Stararchitektin Zaha Hadid, ist eine architektonische Attraktion.

Seite 111

Erlebte Geschichte(n)

• 9 •

KIRCHTURM IM RESCHENSEE

Seit einem Staudammprojekt der 1950er-Jahre ragt von Alt-Graun nur noch der Kirchturm aus dem Wasser.

Seite 39

• 10 •

KURSTADT MERAN

Noch heute kann die historische Kurstadt mit schönen Jugendstilvillen, Parkanlagen und dem Flair der K.-u.-k.-Zeit punkten.

Seite 40

• 11 •

LAUBENGASSE BOZEN

In den langen Laubengängen herrscht schon seit dem Mittelalter geschäftiges Treiben, vor Wind und Wetter geschützt.

Seite 95

• 12 •

DER MANN AUS DEM EIS

Ötzi, die älteste Mumie der Welt, kann in einer Kühlkammer des Südtiroler Archäologiemuseums in Bozen bestaunt werden.

Seite 95

DREI AUF EINEN STREICH

Früh aufstehen lohnt, denn dann kann man vom Paternkofel aus den Blick auf das UNESCO-Welterbe Drei Zinnen noch weitgehend allein genießen. Eine Umrundung der magischen Zackenberge zählt zu den attraktivsten Wandertouren in den Dolomiten.

WIE AM HIMALAYA

Zottelige Yaks vor imposanter Bergkulisse, das bekommt man für gewöhnlich nur im Hochland Zentralasiens zu sehen. Oder man begleitet Reinhold Messner Ende Juni beim alljährlichen Almauftrieb seiner Yakherde. Auch bei Wind und Wetter geht es von Sulden hinauf in Richtung Madritsch-Alm, wo die Hochlandrinder den Sommer verbringen.

adidas

BOZEN LEUCHTET

Entworfen vom Berliner Architekturbüro KSV, setzt sich das Bozner Museion mit seinem transparenten Kubus mit der Umgebung auseinander. Der Kontrast zu den benachbarten Häusern ist beabsichtigt, will das Museum für moderne und zeitgenössische Kunst doch auch Altstadt und Neustadt optisch verbinden.

da
ANDREA
INGUSCI
n. 33
SALAME
PICCANTE
SPECK
FETTA
CENTRALE
AL PEZZO

MARKTPLATZ DER GENÜSSE

Es duftet nach frischen Kräutern, Südtiroler Speck und Almkäse. Im Sommer leuchten bunte Blumen, im Herbst werden Kastanien geröstet, im Winter wird Glühwein ausgeschenkt. Die von mittelalterlichen Häusern gesäumten Stände am Bozner Obstmarkt gelten als angesagter Treffpunkt.

AUSZEIT MIT AUSBLICK

Ankommen, entspannen und abtauchen im Panoramapool. Der Ausblick vom Wellnesshotel Taljörgele auf das Ridnauntal und seine Bergwelt ist grandios. Hier kann man Sonne tanken, saubere Bergluft atmen und den Blick über weite Wiesen schweifen lassen. Mehr Entschleunigung geht nicht.

HIER GEHT'S RUND

Die Pisten am Ciampinoi, südlich von Wolkenstein im Grödnertal, sind Teil des weltberühmten Skikarussells Sellaronda. Egal ob man die Runde um den markanten Sellastock im oder gegen den Uhrzeigersinn unternimmt, überall zeigt sich eine atemberaubende Kulisse aus Gipfeln und Bergmassiven.

BLONDE MÄHNE, …

… robuste Statur: Die Haflinger gehören längst zum Südtiroler Kulturgut. Einst Arbeitshelfer im Gebirge, sind die gutmütigen Pferde heute vor allem zum Vergnügen der Gäste im Einsatz, hier am Reiterbauernhof Oberfahrer in Jenesien.

Spektakuläre Hotelpools

WASSERWELTEN MIT AUSSICHT

Vom beschaulichen Naturteich über eine spacige Skypool-Brücke bis zum extravaganten Infinitypool mit Sternwarte reicht das Angebot der Außenpools mit bester Aussicht auf Berge, Almwiesen oder Orte unten im Tal.

1 Das Gerstl Alpine Retreat

Im Außenpool mit Infinityeffekt hat man das Gefühl, direkt in die Bergwelt des Obervinschgaus hineinzuschwimmen. Nach der Sauna bietet der Nackt-Whirlpool im Freien Entspannung mit Fernsicht. Im Frühjahr tragen die Bergspitzen noch weiße Mützen, und wenn Nebel die Sicht auf den tief unten gelegenen Talkessel verschluckt, schwebt man hier oben in mystischer Stimmung über den Dingen.

Schlinig 4,
I-39024 Mals,
Tel. +39 0473 83 14 16,
www.dasgerstl.com

2 Hotel Therme Meran

Über den Dächern Merans im Sole-Infinitypool chillen, mit perfektem Ausblick auf den Thermenplatz, wo im Sommer regelmäßig Konzerte stattfinden – dafür ist das Flachdach des Hotels Therme mit seinem 3200 m² großen Skyspa der beste Platz. Die Innenarchitektur des Hotels und der gegenüberliegenden Therme, zu der Hotelgäste über einen unterirdischen Tunnel freien Eintritt haben, stammt von Matteo Thun.

Thermenplatz 1,
I-39012 Meran,
Tel. +39 0473 25 90 00,
www.hoteltermemerano.it

3 Sport & Wellness Resort Quellenhof

Dem Wellness-Himmel ganz nah ist, wer seinen Skypool mit niemandem teilen muss, weil der auf der eigenen Dachterrasse liegt. Im Sky Chalet des Quellenhofs gibt es gleich noch eine eigene Astrokuppel mit Sternwarte dazu. Astronomisch sind auch die Preise: 1500 bis 3500 Euro fürs nächtliche Sternegucken in der 320-m²-Luxussuite. Wem das dann doch zu teuer ist, dem stehen 10 000 m² Wohlfühloase zur Verfügung – allerdings nicht für sich allein.

Passeirerstraße 47,
I-39010 St. Martin in Passeier,
Tel. +39 0473 64 54 74,
www.quellenhof.it

4 Hotel Hohenwart

Auf der Dachterrasse des Vista-Spa im Hotel Hohenwart thront das 50 m² große Solebecken aus Glas. Durch den hohen Salzgehalt des angenehm temperierten Wassers hat man das Gefühl, man würde sanft getragen, quasi schweben. Dabei genießt man einen einzigartigen 360-Grad-Blick auf Schloss Schenna, das grüne Etschtal mit seinen Weinbergen und die majestätisch aufragenden Südtiroler Alpengipfel ringsum.

Verdinserstraße 5,
I-39017 Schenna,
Tel. +39 0473 94 44 00,
www.hohenwart.com

5 Miramonti Boutique-Hotel

Zwischen Himmel und Tal kann man hier, oberhalb von Meran, auf 1230 m Höhe im Salzwasser-Infinitypool abhängen. Dabei schweift der Blick über das romantische Kirchlein St. Kathrein, vor dem oft eine Haflingerherde grast. Kein Wunder, dass in der filmreifen Kulisse Szenen des James-Bond-Films „Der Spion, der mich liebte“, gedreht wurden. Außen tritt das Boutique-Hotel in typischer Alpenarchitektur auf, innen mit Designermöbeln und puristischem Chic.

St. Kathreinstraße 14,
I-39010 Hafling/Meran,
Tel. +39 0473 27 93 35,
www.hotel-miramonti.com

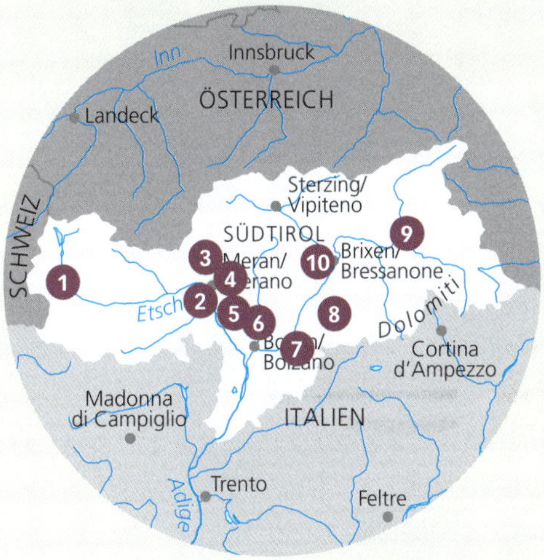

6 Hotel Belvedere

Im Reich der „Stoanernen Mandln" und der in gelben Herbstfarben leuchtenden Lärchenwälder findet man in Jenesien, oberhalb von Bozen, einen mystischen Platz zum Durchatmen. Im Spa des Belvedere wird man mit durchblutungsfördernden Massagen mit Lärchenöl verwöhnt und kann sich anschließend im ganzjährig beheizten Infinitypool mit Blick auf Bozen treiben lassen.

Pichl 15,
I-39050 Jenesien,
Tel. +39 0471 35 41 27,
www.belvedere-hotel.it

7 Cyprianerhof

Kieselsteine massieren die Füße im Naturpool des Cyprianerhofs, der nur mit natürlichem Quellwasser gefüllt ist, frei von Chlor und anderen chemischen Zusätzen. Auf Holzdecks, die bis ans Wasser heranreichen, kann man im Liegestuhl Platz nehmen wie im Kinosessel. Der Blick wandert über die Wiese mit der kleinen Holzhütte, die eine Sauna birgt, und weiter zu den mächtigen Zacken der Dolomitenberge.

St. Zyprian 69, I-39050 Tiers am Rosengarten,
Tel. +39 0471 64 21 43,
www.cyprianerhof.com

8 Adler Lodge Alpe

Diesem Ort auf der Seiser Alm wohnt ein besonderer Zauber inne. Wie ein Bergsee wirkt der wohltemperierte Solepool, in dem sich Lang- und Plattkofel spiegeln und von dem man einen spektakulären Blick über Almwiesen bis zu den Bergmassiven genießt. Die 18 Suiten und 12 Chalets sind mit modernen Möbeln ausgestattet, ohne überbordenden Schnickschnack. Große Panoramafenster bieten freie Sicht auf die größte Hochalm Europas.

Pizstraße 11,
I-39040 Seiser Alm,
Tel. +39 0471 72 30 00,
www.adler-lodge.com

9 Panorama-Hotel Hubertus

Dieser Skypool ist ein echter Hingucker. Scheinbar frei schwebend ragt der 25 m lange Poolriegel weit in die Landschaft hinaus. Im Boden ist ein Glasfenster eingelassen, durch das man von unten die Silhouetten der Schwimmer sehen kann. Das Resort am Kronplatz versteht sich als Wander-, Ski- und vor allem als großzügiges Wellnesshotel mit sieben Saunen sowie sechs In- und Outdoorpools.

Furkelstraße 5,
I-39030 Geiselsberg/Olang,
Tel. +39 0474 59 21 04,
www.hotel-hubertus.com

10 Forestis

Dichter Bergwald, klares Quellwasser und frische Luft auf 1800 m Höhe waren schon 1912 Anlass, auf der Plose ein Sanatorium zu bauen. Dem denkmalgeschützten Gebäude wurden in unserer Zeit drei Suitentürme zur Seite gestellt, deren Form Baumstämmen nachempfunden ist. Vom privaten Dachpool aus scheint man ins mächtige Bergmassiv der Dolomiten zu schwimmen. Wer mag, kann auf der Terrasse seiner Tower Suite unter dem Sternenhimmel nächtigen.

Palmschoß 22,
I-39042 Brixen,
Tel. +39 0472 52 10 08,
www.forestis.it

Vinschgau/Meraner Land

GEGEN DEN STROM

Mehr Kontrast geht nicht: Der Obervinschgau ist geprägt vom herben Charme einer Kulturlandschaft, die Künstler und Freigeister hervorgebracht hat. Während im Oberland noch der kräftige Wind des Nordens weht, trumpft das Meraner Land im Süden bereits mit mildem, mediterranem Klima auf – und mit historischem Kurstadtflair.

Wegelagerer der freundlichen Art:
Begegnung im Naturpark Texelgruppe, beim Abstieg vom Schwarzkopfgipfel zu den Spronser Seen.

Die kurvigen Bergstraßen des Vinschgau halten für ambitionierte Radfahrer spannende Anforderungen bereit. Der Lohn für die Anstrengung sind spektakuläre Aussichtspunkte, wie hier in Matsch, mit Blick auf den Ortler.

Fahrgäste der MS Hubertus lauschen dem jungen Kapitän. Elias Winkler hat nicht nur das historische Rundfahrtenboot, sondern auch die Geschichten rund um den Reschensee von seinem verstorbenen Großvater Arthur übernommen. Der hat miterlebt, wie das Land seiner Familie im aufgestauten See unterging, und konnte dem Enkel authentisch davon erzählen.

Das Ultental ist das wasserreichste Tal Südtirols – und eines der ursprünglichsten. Wer mit Rummel aller Art nichts am Hut hat, ist hier genau richtig.

Seit siebzig Jahren ein skurriler Anblick: der romanische Kirchturm von Alt-Graun, das die italienischen Faschisten durch die Flutung des Reschensees untergehen ließen. Mit der MS Hubertus von Elias Winkler kann man den Turm umrunden.

Ein Kirchturm im Bergsee? Da staunt man nicht schlecht, wenn man bei Graun auf der Passstraße um die Kurve biegt und mitten im Reschensee einen Glockenturm stehen sieht. Staus sind hier keine Seltenheit, denn das spektakuläre Postkartenmotiv, das längst zum Wahrzeichen des Vinschgaus geworden ist, will sich kein Urlauber entgehen lassen. Seit hier die Netflix-Serie „Curon" gedreht wurde, zieht es zudem zahlreiche Mystery-Fans an den See.

Dabei sollte der Kirchturm ursprünglich zusammen mit ganz Alt-Graun für alle Zeiten in den Fluten versinken, damit nichts an die Tragödie von einst erinnern kann. Von langer Hand von den Faschisten vorbereitet, wurde der Reschensee zwischen 1948 und 1950 aufgestaut, um Strom für Norditalien und die nahe Schweiz zu erzeugen.

Niemand im alten Graun erhob Einspruch, als das Bozner Staatsbauamt 1940 die geplante neue Stauhöhe von 22 Metern bekannt gab, denn die Ankündigung war in Italienisch verfasst, was im Ort damals keiner verstand. Es war die Zeit der Unterdrückung deutscher Minderheiten. Wer beim Umsiedlungsabkommen nicht nach Nazi-Deutschland zurückgekehrt war, musste die italienische Staatsbürgerschaft annehmen. Deutsch durfte nicht mehr gesprochen werden.

DAS GRAUEN VON GRAUN

Der Konzern Montecatini ließ 1949 die Schleusen schließen und nach und nach Gebäude abtragen oder sprengen, bis das alte Graun und ein Teil von Reschen im steigenden Wasser versunken waren. 181 Häuser und 523 Hektar fruchtbarer Boden fielen den Fluten zum Opfer. Mehr als die Hälfte der Einheimischen fand im neu errichteten Graun keinen Platz und musste in die Fremde ziehen, denn an dem von hohen Bergen umgebenen See gab es nicht genügend Ausweichflächen für die Bauern. Allein der romanische Kirchturm von St. Katharina war nicht gesprengt worden. Das Denkmalamt wollte ihn als Erinnerung an das

Oberhalb von Schluderns thront seit Mitte des 13. Jahrhunderts die Churburg – hier der Blick auf den Taubenturm am unteren Ende der weitläufigen Anlage.

Am Fuß des Ortlermassivs, über dem Dorf Laas, wird seit Jahrhunderten ein besonders reiner, harter Marmor abgebaut. In der Laaser Fachschule lernen Steinmetze und Steinbildhauer ihr Handwerk.

In ihrer über 750-jährigen Geschichte nie zerstört, seit mehr als 500 Jahren im Besitz der Familie Trapp: die Churburg mit ihrem farbenfroh ausgestalteten Arkadengang.

Ausschließlich Roggen aus dem Vinschgau, der einstigen Kornkammer Tirols, verarbeitet die Whiskydestillerie Puni in Glurns.

Einst bedeutender Verkehrsknotenpunkt und Salzhandelsmarkt, lebt das malerische Glurns heute vor allem vom Fremdenverkehr.

Special

Kleinste Stadt Südtirols

Von Menschen und Mäusen

Blickt man von oben auf Glurns, erkennt man sofort, was dieses romantische Kleinod so besonders macht: eine vollständig intakte Ringmauer mit drei malerischen Tortürmen.

Außer mit seiner Stadtmauer ist der gerade mal 900 Einwohner große Ort mit dem skurrilsten Fall der Rechtsgeschichte bekannt geworden: einem Prozess gegen Mäuse. Aufzeichnungen von 1519 zeugen davon, dass die Gemeinde Stilfs im Glurnser Gericht Klage gegen Feldmäuse führte, die so große Fressschäden angerichtet hatten, dass keine Abgaben in Form von Getreide mehr geleistet werden konnten. Ergebnis: Die Mäuse wurden zum Verlassen der Stadt verurteilt. Ob sie sich daran gehalten haben, ist nicht überliefert.

Zahlreich anzutreffen sind sie heute noch in den Schwarz-Weiß-Illustrationen des Karikaturisten Paul Flora (1922–2009), der in Glurns geboren wurde und dessen Werke im

Komplett erhalten: Stadtmauer von Glurns

Kirchtorturm zu sehen sind. Die nach der verlorenen Calvenschlacht (1499) wiederaufgebaute kleine Festungsstadt ist bis heute fast unverändert erhalten. Ihre Bürgerhäuser in den engen Gassen sind weiterhin in lokalem Besitz, die wunderschönen Laubengänge daher noch nicht dem Kommerz geopfert.

Sogar den einen oder anderen Bauernhof gibt es noch immer innerhalb der Stadtmauern.

alte Dorf erhalten und führte deshalb einen jahrelangen Streit mit Montecatini.

Heute mutet es gar lieblich an, wenn das kleine Ausflugsboot MS Hubertus im Sommer über den See schippert. Es handelt sich um das einzige Passagierschiff in Südtirol und zugleich um Europas höchstgelegene Binnenschifffahrt, auf fast 1500 Meter Höhe. Wenn Kapitän Elias Winkler mit seinem Boot den Turm umrundet, erzählt er den Gästen von seinem Vorgänger, Opa Arthur: „Er hatte oft das Gefühl, er könne die Kirchenglocken noch immer hören. Denn er hat das Grauen von Graun selbst miterlebt und musste zusehen, wie das Land unserer Familie in den Fluten versank." Am 16. Juli 1950 läuteten die Glocken ein letztes Mal, bevor sie zusammen mit den Zeigern der Turmuhr für immer entfernt wurden. An surrealistische Bilder eines Salvador Dalí erinnern die zeigerlosen Zifferblätter nun, als wären sie einem Alptraum entsprungen.

RAU WIE DER WIND

Das Leben im oberen Vinschgau war schon immer rau – wie der Nordwind, der stetig über den Pass fegt. Noch bis Anfang des 20. Jahrhunderts herrschte im Trafoier Tal bittere Armut. Die sogenannten „Schwabenkinder" mussten sich im Alter von sechs bis vierzehn Jahren

Die einstige Funktion der Vinschgauer Waale – die Bewässerung der Felder – übernehmen heute Beregnungsanlagen. Entlang der alten Wasserläufe sind Wanderwege entstanden, wie hier am Sonnenberg bei Kastelbell (rechts).

Die Belgierin Hilde Van den Dries bewirtschaftet den Weinberg der Benediktinerabtei Marienberg (unten), oberhalb von Burgeis.

Auch im Vernagt-Stausee im Schnalstal ist in den 1950er-Jahren ein Dorf versunken. Anders als am Reschensee taucht die Turmspitze der einstigen Kapelle von Vernagt nur im Frühjahr auf, bei niedrigem Wasserstand.

Als Reinhold Messner 1983 das halb verfallene Schloss Juval kaufte, hielten ihn viele für verrückt. Heute ist es Teil des Messner Mountain Museums.

Das 1238 erstmals erwähnte Schloss Kastelbell gehört dem Land Südtirol, das es für Konzerte und Ausstellungen nutzt.

»WENN ES UM WEIN GEHT, SIND WIR SÜDTIROLER DEM HIMMEL ZWEIFELLOS EIN STÜCK NÄHER.«

Hilde Van den Dries

jedes Frühjahr auf den Weg über die Alpen machen, zu den Kindermärkten in Oberschwaben, wo sie als Hütebuben, Knechte und Mägde vermittelt wurden.

Gustav Thöni ist hier im abgelegenen Trafoi aufgewachsen. „Noch 1972 hatte niemand im Tal einen Fernseher. Damals saßen alle bei uns vor der Glotze, um mich bei Wettkämpfen fahren zu sehen“, erzählt er. In seinem Hotel Bella Vista führt Thöni, der in den 1970er-Jahren zu den besten Skirennläufern der Welt gehörte, heute gern Besucher durch ein kleines Museum seiner Erfolge: 30-mal Gold, 29-mal Silber und 20-mal Bronze bei Weltcup, Weltmeisterschaften und Olympischen Spielen.

Höchstleistungen bringt auch die Winzerin Hilde Van den Dries. Die gebürtige Belgierin bewirtschaftet seit dem Jahr 2013 die Steilhänge am höchstgelegenen Weinberg Kontinental-Europas. Auf zwei Hektar in 1340 Meter Höhe bringt sie den Messwein für die Benediktiner von Kloster Marienberg in Burgeis zum Reifen. „Ein Knochenjob. Alles ohne Einsatz von Maschinen und nach streng biologischen Richtlinien. Aber wenn es um Wein geht, sind wir Südtiroler dem Himmel zweifellos ein Stück näher“, sagt sie überzeugt.

An außergewöhnlichen Ideen ist der Vinschgau gewiss nicht arm. So komponiert der Maler Jörg Hofer großformatige Bilder aus Laaser Marmorsand, den er mit Farbpigmenten versetzt. Im von dem Künstler gestalteten Hotel Greif in Bozen wohnt man beispielsweise auf Zimmer 205 in seinen Bilderwelten. Den Sand für die Kunstwerke bezieht Hofer quasi als Abfallprodukt von den Laaser Marmorwerken. Der in der Region abgebaute Marmor ist wegen seiner Reinheit und der besonderen Wetterbeständigkeit weltbekannt. Unvergesslich bleibt den Mitarbeitern der Marmorwerke wohl die Reise nach New York, zu der sie 2016 eingeladen wurden, um den größten U-Bahnhof der Welt am Ground Zero zu bestaunen. Den schneeweißen Marmor dafür hatten sie geliefert. An schönen Sommertagen sollte man in Laas jedenfalls die Sonnenbrille nicht vergessen. Schließlich sind hier sogar die Bürgersteige mit strahlend weißem Marmor gepflastert.

Der Erhalt ihres natürlichen Lebensraums liegt den Vinschgauern am Herzen. Einst galt die Gegend als Kornkammer Südtirols, doch seit das Klima immer milder wird, haben sich Monokulturen von Apfelplantagen ausgebreitet. Als Gemeinde der Ökorebellen hat sich deshalb vor allem Mals einen Namen gemacht, weit über die Region hinaus. Per Volksabstimmung wurde ent-

Im Gasthof Hochmuth über Dorf Tirol können Wanderer neben hausgemachtem Speck einen herrlichen Blick auf Meran genießen.

ARCHAISCHE UND ANARCHISCHE KÖPFE ZEICHNEN DEN VINSCHGAU SCHON IMMER AUS.

schieden, ausschließlich ökologische Landwirtschaft zu betreiben und damit der Agrarindustrie die Stirn zu bieten. „Das Wunder von Mals" heißt ein beeindruckender Dokumentarfilm, der dem Dorf der Ökorebellen gewidmet ist.

Archaische und anarchische Köpfe zeichnen den Vinschgau schon immer aus, und so ist es kein Wunder, dass auch Reinhold Messner lange Zeit Wahl-Vinschgauer war. Als der Extrembergsteiger 1983 das ruinöse Schloss Juval kaufte und durch den Vinschgauer Stararchitekten Werner Tscholl restaurieren ließ, hielten ihn viele noch für verrückt. Heute ist das Schloss Teil seiner sechs spektakulären Museumsprojekte, die über ganz Südtirol verteilt sind.

Neben so manchem Freigeist stammt auch Südtirols bekanntester Freiheitskämpfer Andreas Hofer aus der Region. In seiner Heimat, dem Passeiertal, lodern am Herz-Jesu-Sonntag Anfang Juni ganz besonders viele Feuer, die an die Freiheitsliebe der Südtiroler erinnern. Und so lernt man schnell, dass Vinschgauer auch Meister des Kampfgeists sind. Aufgeben? Niemals!

VON DER KUHSTADT ZUR KURSTADT

Auf der Fahrt in Richtung Meran vollzieht sich alsbald ein regelrechter Klimawandel, denn die Berge der Texelgruppe schützen die Stadt vor den kalten Nordwinden. Zwischen schneebedeckten Gipfeln und Palmen verzaubert der Ort deshalb seit jeher mit mediterranem Flair. Als Hauptstadt von Tirol erlebte Meran bereits im Mittelalter eine große Blütezeit, lag es doch auf dem Krönungsweg, über den die deutschen Kaiser nach Rom zogen. In unmittelbarer Umgebung entstanden zahlreiche Adelssitze, schließlich suchten viele die Nähe zur Macht. Als 1420 die landesfürstliche Residenz von Schloss Tirol nach Innsbruck verlegt wurde, versank Meran jedoch in Bedeutungslosigkeit. In den Lauben lungerten Kühe herum, und Geschichten vom „Kuhstadtl" machten alsbald die Runde.

Merans zweiter Aufschwung begann Mitte des 19. Jahrhunderts, als es in Mode kam, sich für einige Zeit im Süden einzunisten, und Ärzte ihren Patienten zu mehrmonatigen Kuraufenthalten rieten. Mit dem Bau der Eisenbahn über den Brenner war die Reise bald kein anstrengendes Unterfangen mehr. Als dann noch Kaiserin Sisi 1870 bis 1872 die Wintermonate auf Schloss Trauttmansdorff verbrachte, war der Ort schnell geadelt, und im Schlepptau der Donaumonarchie folgten Dichter, Komponisten und Maler. „Ich wollte, ich könnte Ihnen etwas Meran senden, den goldenen Sonnenschein und diese müde duftende Luft", schrieb

Grenzüberschreitend: Das Timmelsjoch-Passmuseum, auf 2509 Meter Höhe Österreichs höchstgelegenes Museum, ragt 16 Meter weit auf Südtiroler Gebiet (ganz oben).

Seit 2003 beherbergt Schloss Tirol das Südtiroler Landesmuseum für Kultur- und Landesgeschichte (oben).

Blick von Dorf Tirol auf Schloss Tirol, einst Residenz der Tiroler Landesfürsten. Berühmt ist das reich verzierte romanische Marmorportal (1138) der Schlosskapelle (ganz oben).

Flanieren, Shoppen, Einkehren – in Meran mit seinem Mix aus Belle Époque und mediterranem Flair kann man sich's gut gehen lassen. Ganz oben die Passerpromenade mit dem Kurhaus, oben der Genussmarkt „Pur Südtirol" an der Freiheitsstraße und rechts die Laubengasse mit vielen kleinen Ladengeschäften.

Wasser- und Terrassengärten, Sonnengärten, Waldgärten, Landschaften Südtirols – in diese vier Gartenwelten ist das weitläufige Areal …

… von Schloss Trauttmansdorff bei Meran gegliedert. Nach der Eröffnung vor rund 20 Jahren wurden die Gärten rasch zum Publikumsmagneten.

Arthur Schnitzlers Muse Olga Waissnix an den Schriftsteller.

Um den noblen Gästen einen exklusiven und erholsamen Aufenthalt zu garantieren, nahm eigens eine Kurpolizei den Dienst auf. Sie sollte für die Einhaltung der Kurverordnung sorgen, die aus heutiger Sicht recht kuriose Anweisungen enthielt. Noch bis zu Beginn des Ersten Weltkriegs waren Promenaden und Parks in erster Linie den Kurgästen und Touristen vorbehalten. In angemessener Kleidung hatten Einheimische zwar Zutritt, mussten jedoch bei hohem Andrang die Sitzbänke den Fremden überlassen. Aus Rücksicht auf Lungenkranke war das Aufwirbeln von Staub durch lange Röcke oder Schleppen verboten.

Doch all der Prunk und Pomp der historischen Kurstadt mit ihren Jugendstilvillen und Parkanlagen aus der K.-u.-k.-Zeit versank nach zwei Weltkriegen erneut im Dornröschenschlaf. Pflegte Meran in den Nachkriegsjahren ein recht angestaubtes Image, erlebt die Stadt inzwischen ihren nunmehr dritten Aufschwung, und man spürt den Zeitgeist, der sich aufs Schönste mit den Spuren der Vergangenheit verbindet. Heute hat sich Meran geschickt zum Mittelpunkt der Südtiroler Wellness- und Spa-Szene gemausert und versteht es, seine prächtige Kulisse dafür gekonnt in Szene zu setzen. Verlockend ist das Flanieren unter den Lauben mit ihren zahllosen Geschäften oder ein Spaziergang entlang der Winter- und Sommerpromenaden.

UNTER PALMEN TRÄUMEN

Dabei ist gesundes Wasser bis heute das wertvollste Gut der Kurstadt. Zu einer richtigen Oase verwandelt sich Meran an heißen Sommertagen. Dann können sich Spaziergänger in der Altstadt an etlichen künstlerisch gestalteten Trinkbrunnen bedienen. Die kostenlose Erfrischung stammt aus Quellen im Passeiertal, im Vinschgau und im Naiftal. Aus felsiger Tiefe sprudelt das kristallklare, leicht radonhaltige Wasser. In den 1960er-Jahren begann man es in kilometerlangen Leitungen vom Vigiljoch nach Meran zu transportieren, wo es bis heute als Meraner Mineralwasser abgefüllt wird. Aufgrund seiner beruhigenden Wirkung wird das radonhaltige Vigiljocher Wasser seit 1972 auch für Kuranwendungen in der Therme Meran angeboten, wo für den Badespaß 26 Wasserbecken bereitstehen, vom kalten Tauch- bis zum dampfend warmen Whirlpool.

»ICH WOLLTE, ICH KÖNNTE IHNEN ETWAS MERAN SENDEN, DEN GOLDENEN SONNENSCHEIN …«

Dass man sich in Meran schon wie im mediterranen Süden fühlt, liegt auch an den vielen Palmen in den Parkanlagen, entlang der Promenaden und in Privatgärten. Wenn man auf der Sisi-Terrasse von Schloss Trauttmansdorff sitzt und wie einst die Kaiserin auf die botanischen Gärten mit all den üppigen Palmen und Blumen blickt, möchte man das Gefühl des Südens am liebsten mit nach Hause nehmen. Im Gartenshop des Schlosses lässt man sich dann gern zum Kauf einiger Hanfpalmen-Samen verführen. „Kälteresistent bis minus 15 Grad“, preist die Gärtnerin die Überlebenskünstler an. Sofern sie daheim nicht zu empfindlichen Mimosen mutieren, kann man sich vielleicht schon bald unter Palmen aus so manch grauem Wintertag wegträumen.

Wellness

DIE NATUR MACHT'S!

In der Volksmedizin wusste man schon immer um die wohltuende Wirkung der Natur. Deshalb gehen in Südtirol viele Wellnessanwendungen auf traditionelle Hausrezepte der bäuerlichen Bevölkerung zurück, etwa beim Bad in Schafwolle, Almheu oder Latschenkiefernadeln.

Wo könnten Wellnessrituale natürlicher sein als in der freien Natur? Im Park von Taubers Vitalhotel in Kiens ruht man, in Leintücher gewickelt, in herrlich duftenden heißen Latschenkiefernadeln. Sie fallen bei der Herstellung von kostbarem Latschenkieferöl an, das schon seit 1912 gleich nebenan, auf dem Biokräuterhof Bergila, destilliert wird. Das wohltuende Freiluftritual endet mit einem erfrischenden Bad im Naturteich. „In der Volksmedizin wusste man schon immer um die wohltuende Wirkung der Latschenkiefer für Gelenke und Atemwege. Dieses Wissen wollen wir reaktivieren", erklärt Hotelchef Gerd Tauber.

BADEN IN ALMHEU

In den abgelegenen Tälern Südtirols war der Weg zum Arzt einst weit und eine Behandlung teuer, also half man sich selbst. So wurde auf der Seiser Alm jahrhundertelang das Heubadln praktiziert. Nach dem kraftraubenden Mähen schliefen die Knechte im aufgeschichteten Heu und erwachten am Morgen voller Energie. Denn das Heu der Hochalmen besteht aus mehr als vierzig Gräser- und Blumenarten, wie Arnika, Frauenmantel, Edelraute, Schafgarbe, Enzian oder Fingerkraut. Schon Ende des 19. Jahrhunderts wurden in Völs am Schlern dann auch für Kurgäste Heubäder angeboten – zunächst nur zur Erfrischung und bis heute zur Linderung rheumatischer Beschwerden.

KUSCHELN IN SCHAFWOLLE

Im Ultental wollte Bäuerin Waltraud Schwienbacher nicht mehr mit ansehen, wie jedes Jahr hundert Tonnen Schafwolle auf dem Müll landeten. Zusammen mit weiteren Almfrauen schuf sie die Wollmanufaktur Bergauf, die unter anderem kuschelige Schafwollvliese für das traditionelle Ultner Schafwollbad liefert, das viele Hotels der Region anbieten. Eingepackt in Wolle entspannt man hier und lässt sich das in der Schafwolle vorhandene Lanolin in die Haut massieren.

GLETSCHERSTAUB UND BIENENLUFT

Der Ideenreichtum der Südtiroler in Sachen Naturwellness scheint grenzenlos. Da betreibt man auf der Schutzhütte Schöne Aussicht nicht nur die höchstgelegene Outdoorsauna Europas, sondern lässt vom Hochjochferner Gletscherstaub und Quellwasser, die seit Jahrtausenden keinerlei Umwelteinflüssen ausgesetzt waren, zur hauseigenen Naturkosmetik verarbeiten. Auf dem Ritten wird im Brotbad des Hotels Tann der Duft von frisch gebackenem Sauerteigbrot eingeatmet, und in der Bioimkerei des Hotels Rinner kann man süße Luft aus dem Bienenstock inhalieren. In Europas erstem Alchemistenspa auf der Fragsburg entstehen nach überlieferten Rezepten Tinkturen und Räuchermischungen. Da verwundert es kaum, dass so viele Gäste hoffen, in der Kraft der Natur einen Jungbrunnen für den eigenen Körper zu finden.

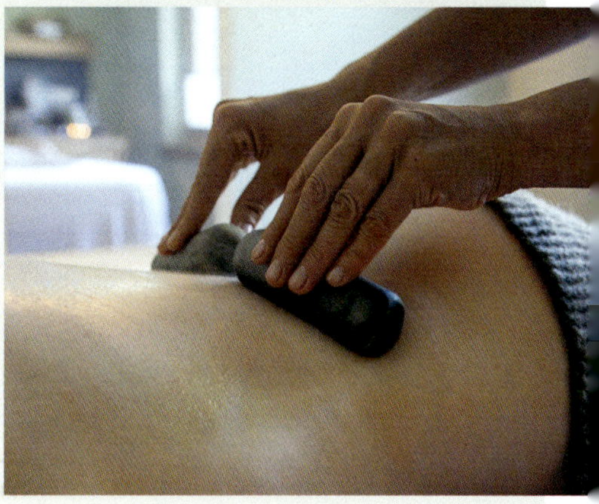

Ein Fußbad in heißen Latschenkiefernadeln ist nach dem Wandern ideal (ganz oben).

Eine Massage mit Silberquarzit-Urstein lässt die Energie wieder fließen (oben).

Eine Gletscherstaub-Gesichtsmaske, reich an Mineralien, stimuliert die Haut.

Wellness aus der Natur

Latschenkieferritual: ***www.taubers-vitalhotel.com***
Heubäder: ***www.hotelheubad.com***
Schafwollbäder: ***https://bergauf.it/schafwollbad***
Gletscherstaubwellness: ***www.schoeneaussicht.it***
Brotwellness: ***www.tann.it***
ApiAir-Wellness: ***www.hotel-rinner.it***
Alchemisten-Spa: ***www.fragsburg.com/heilspa/alchemistisches-heilspa/***
Silberquarzit-Ritual: ***www.cyprianerhof.com***

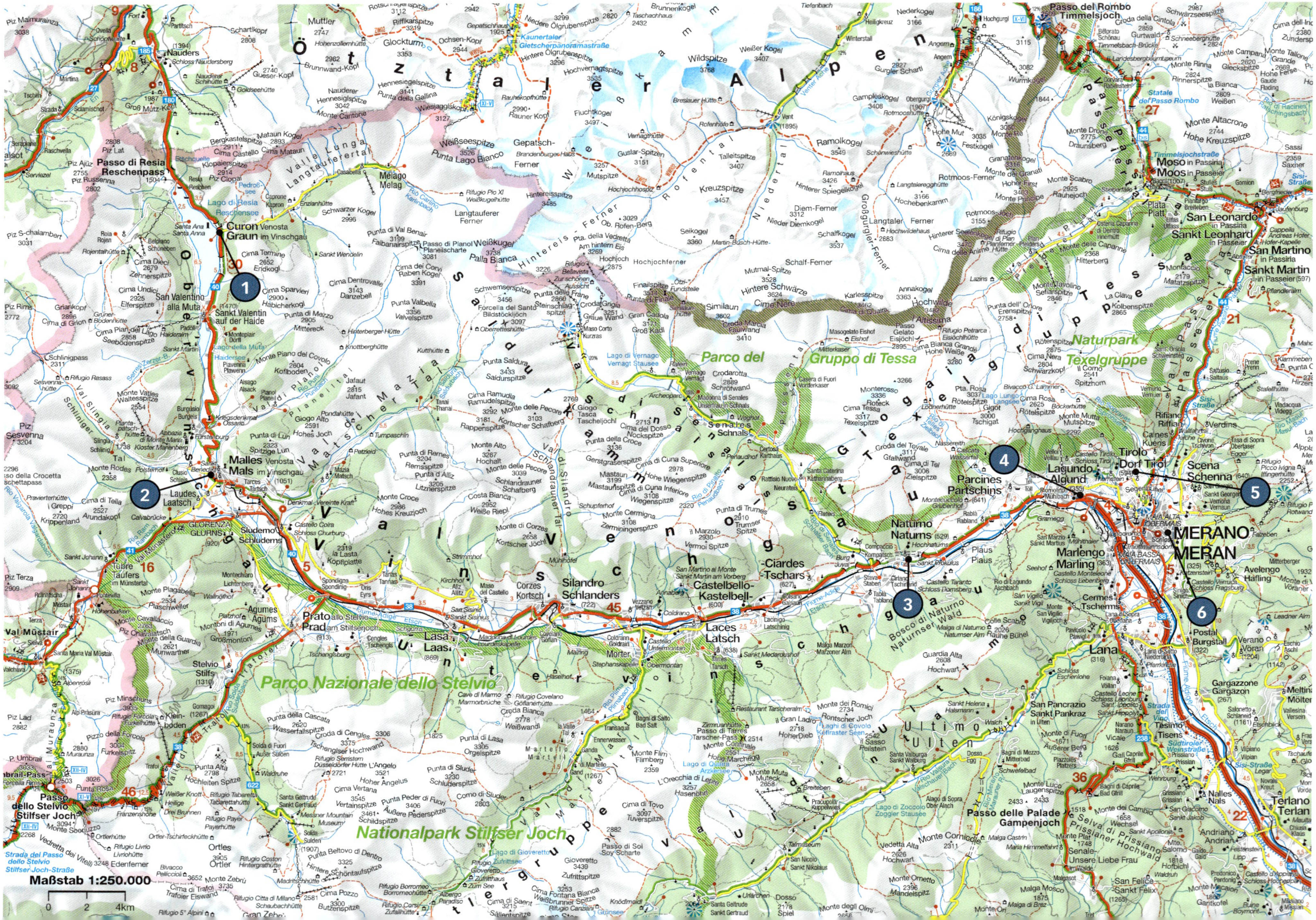
Ötztaler Alpen
MERANO
MERAN
Passo del Rombo
Timmelsjoch
Naturpark
Texelgruppe
Parco del
Gruppo di Tessa
Parco Nazionale dello Stelvio
Nationalpark Stilfser Joch
Passo di Resia
Reschenpass
Passo dello Stelvio
Stilfser Joch
Nauders
Curon Venosta
Graun im Vinschgau
Malles Venosta
Mals im Vinschgau
Glorenza
Glurns
Prato allo Stelvio
Prad am Stilfserjoch
Silandro
Schlanders
Laces
Latsch
Castelbello-
Kastelbell-
Ciardes
Tschars
Naturno
Naturns
Parcines
Partschins
Lagundo
Algund
Tirolo
Dorf Tirol
Scena
Schenna
Marlengo
Marling
Lana
Postal
Burgstall
Moso in Passiria
Moos in Passeier
San Leonardo in Passiria
Sankt Leonhard in Passeier
San Martino in Passiria
Sankt Martin in Passeier
Passo delle Palade
Gampenjoch
Terlano
Terlan
Val Müstair
Maßstab 1:250.000
0
2
4km
1
2
3
4
5
6

HERBER NORDEN, MILDER SÜDEN

Mit dem Schiff den Kirchturm im Reschensee umrunden, entlang von Waalen wandernd dem Weg des Wassers folgen oder durchs Kurvenkarussell zum Stilfserjoch hinauffahren – und danach in Merans Therme oder in den Gärten von Trauttmansdorff entspannen.

1 Graun/Reschensee

Der einsam aus dem See ragende **Kirchturm** von Graun (2380 Einw.) ist eines der bekanntesten Bildmotive Südtirols. Zur Stromerzeugung wurde der **Reschensee** **TOPZIEL** von 1948 bis 1950 aufgestaut. Dafür mussten Alt-Graun und ein Teil von Reschen geflutet werden. Nur der Kirchturm aus dem 14. Jh. ragt seither noch aus dem größten See Südtirols (10 km²).

SEHENSWERT

Das **Museum Vinschger Oberland** im alten Gemeindehaus dokumentiert die Geschichte des Sees (Mitte Juni–Sept. Do. 17.00–18.30, Juli/Aug. 10.00–12.00 Uhr).

ERLEBEN

Im Sommer legt die MS Hubertus mit Kapitän Winkler zur 30-minütigen **Seerundfahrt** ab (www.schifffahrt-reschensee.com; Aug. tgl. 11.00, 12.00, 14.00, 15.00, 16.00, Juli, Sept. nur 15.00 Uhr). Rund um den See wurden **Radwege** angelegt. Der Wind im Obervinschgau ist ideal zum **Segeln** und **(Kite-)Surfen** (https://kiteboarding-reschen.eu/). Im Winter vergnügen sich Kiter auf Skiern und **Schlittschuhläufer**.

UNTERKUNFT

Das Jugendstilschlösschen der **€€€ Villa Waldkönigin** (Waldweg 17, St. Valentin, Tel. +39 0473 63 45 59, www.waldkoenigin.com) steht im mutigen Kontrast zum modernen Anbau mit großer Wellnessanlage und Zirbenholzzimmern.

INFORMATION

Ferienregion Reschenpass,
Hauptstr. 22, I-39027 Graun,
Tel. +39 0473 63 31 01, www.reschenpass.it

2 Mals

Im Mittelalter konkurrierten Mals (5200 Einw.) und Glurns (900 Einw.) miteinander. Während in Mals die Bischöfe von Chur das Sagen hatten – noch immer gibt es hier vier Kirchtürme und einen Burgturm –, herrschten in Glurns die weltlichen Landesfürsten. Heute pocht das verwaltungspolitische Herz des Obervinschgaus in Mals.

SEHENSWERT

Über Burgeis thront **Kloster Marienberg** (12. Jh.) auf 1340 m wie eine weiße Ritterburg mit farbenfrohen romanischen Fresken in der Krypta der Stiftskirche. Die Benediktiner des Klosters betreiben Kontinental-Europas höchstgelegenen Weinberg, ein Klostermuseum, Café und Gästehaus (Schlinig 1, www.marienberg.it; Museum: Mitte März–Okt.; 27. Dez.–5. Jan. Mo.–Sa. 10.00–17.00 Uhr, Krypta nur mit Führung/nach Anm., Di., Do., Sa. 10.30 Uhr; Bibliothek Di., Do., Sa. 11.00 Uhr). Südöstl. von Mals, am Fuß des Tartscher Bühels, hat der in Laas geborene Künstler Benny von Spinn (1959–2019) den **Bunker 23** mit einem aus dem Fels ragenden Wohnwagen und einer Friedensplattform als Wahrzeichen des Friedens und Kulturtreffpunkt gestaltet (www.bunker23.it).

Laas: Fachschule für Steinbearbeitung. Mals: Benny von Spinns Friedensbunker; Waalweg.

UMGEBUNG

In **Schluderns** (6 km südl.) thront die Churburg der Grafen von Trapp. Highlights sind der dreistöckige Arkadenhof mit prachtvoll bemaltem Gewölbe und eine üppig ausgestattete Rüstkammer (www.churburg.com; nur mit Führung, Ende März–Okt. Di.–So. 10.00–12.00, 14.00 bis 16.30 Uhr). Von **Prad** (12 km südl.) geht es in 48 Spitzkehren hinauf zum **Stilfserjoch** (2757 m), dem höchsten Gebirgspass Italiens (Ende Mai bis Okt.). Der **Nationalpark Stilfserjoch** gehört mit 1350 km² zu den größten Schutzgebieten Europas. 10 km östl. von Prad liegt die Marmorstadt **Laas**. Hochwertiger Laaser Marmor wird in aller Welt verbaut (www.lasamarmo.it; Führungen: Mitte April–Anf. Nov. Di., Do. 10.30 Uhr, Treffpunkt: Bahnhof Laas, https://marmorplus.it/). Auch der mit Marmorsand arbeitende Künstler Jörg Hofer ist in Laas ansässig; das Atelier kann man besuchen (Vinschgaustr. 43, www.joerg-hofer.it).

EINKAUFEN

Das Gebäude der **Whiskybrennerei Puni** in Glurns (3 km südl.; Am Mühlbach 2, www.puni.com), einzige Whiskydestille Italiens, wurde von Stararchitekt Werner Tscholl erbaut.

UNTERKUNFT

Der historische Gasthof **€€ Grüner Baum** (Stadtplatz 7, Glurns, www.gasthofgruenerbaum.it) überrascht innen mit modernem Design. Nebenan haben die Betreiber in einem ehem. Stadtpalais ein Boutiquehotel eröffnet (www.belvenu.com). **€€€€ Das Gerstl**: s. S. 22.

INFORMATION

Tourismusverein Obervinschgau,
St.-Benedikt-Str. 1, I-39024 Mals,
Tel. +39 0473 83 11 90,
www.ferienregion-obervinschgau.it

3 Naturns/Schnalstal

Bei Naturns (6000 Einw.) zweigt das Schnalstal nach Nordwesten ab und zieht sich 22 km lang bis zu den Ötztaler Alpen. Von der Bergstation **Grawand** und dem Glacier Hotel (s. u.) geht es hinauf zur spektakulären Aussichtsplattform **„Iceman Ötzi Peak"** (www.schnalstal.com/de/iceman-oetzi-peak-schnalstal), von wo man einen Blick auf das Schneefeld des Similaun (3606 m) hat. Hier hat 1991 ein deutsches Ehepaar beim Wandern den Ötzi gefunden, die mit 5300 Jahren bislang älteste Mumie der Welt.

SEHENSWERT

Ein Fresko im **St.-Prokulus-Kirchlein** (um 630) zeigt einen fröhlich schaukelnden Bischof und grinsende Kühe (www.prokulus.org; April bis Okt. Di., Do., So. 10.00–12.30, 14.30–17.30 Uhr). **Schloss Juval** (1278) am Eingang zum Schnalstal war fast 40 Jahre lang Sommerwohnsitz von Reinhold Messner. Im Museum kann man Zeugnisse aus seinem Bergsteigerleben besichtigen (Kastelbell, www.messner-mountain-museum.it; Ende März–Anf. Nov. tgl. 10.00–17.00 Uhr).

UNTERKUNFT/RESTAURANTS

Das **€€€ Glacier Hotel Grawand** (Auffahrt mit der Gletscherbahn von Kurzras, www.grawand.com) ist das höchstgelegene Gletscherhotel Europas (3212 m) und Ausgangspunkt für Ötzi-Touren. Im **€ Finailhof** (Vernagt am See 9, Schnalstal, www.finailhof.com), einst höchstgelegener Kornhof Europas, wird regionale Bauernküche serviert.
€€€€ Kuppelrain in Kastelbell: s. S. 56.

Tipp

Wandern am Abgrund

Lange Zeit war die in Jahrtausenden von Eis und Schnee der Marteller Gletscher geformte **Plimaschlucht** kaum zugänglich. Seit 2017 bringen vier avantgardistische Bauwerke der Südtiroler Architektin Heike Pohl die Wanderer ganz nah ans tosende Wasser.

Länge des Rundwanderwegs: 6 km, Gehzeit: 2 Std.; www.vinschgau.net

Schloss Tirol: Flugvorführung. Gompm Alm, Schenna: Konzert von Herbert Pixner. Timmelsjoch: Aussichtsplattform Granat.

INFORMATION

Tourismusverein Naturns, Rathausstr. 1, I-39025 Naturns, Tel. +39 0473 66 60 77, www.naturns.it

4 Algund

Den Ferienort Algund (5050 Einw.) zeichnen viele kleine Pensionen oder Ansitze aus, die oft malerisch in den Weinbergen liegen und reizvolle Ausblicke auf Meran und das Etschtal bieten.

ERLEBEN

Bewässerungskanäle, die sogenannten Waale, brachten im Vinschgau einst kostenloses Nass vom Gletscher auf die Felder der Bauern. Heute bietet sich das weit verzweigte Netz der **Waalwege** für oft aussichtsreiche Wanderungen an.

UNTERKUNFT/RESTAURANT

Die Winzerfamilie Theiner führt das Boutiquehotel **€€ Schloss Plars** (Mitterplars 25, www.schlossplars.com). Der Buschenschank des **€ Schnalshuberhofs** (Oberplars 2, Do.–So. ab 18.00 Uhr) ist zum Törggelen sehr beliebt. In der denkmalgeschützten Stube kleben Zeitungen aus dem 19. Jh. an der Wand, einst als Isolierung gedacht, heute interessanter Lesestoff.
€€€ Wirtshaus zur blauen Traube: s. S. 56.

INFORMATION

Tourismusbüro Algund, Hans-Gamper-Platz 3, I-39022 Algund, Tel. +39 0473 44 86 00, www.algund.info

5 Dorf Tirol

Als Sonnenterrasse über Meran mit herrlichem Panorama ist Dorf Tirol (2450 Einw.) eine Hochburg des Tourismus. Der Ort wird von Schloss Tirol überragt. Wanderer zieht es noch höher hinauf, zu den abgelegenen Spronser Seen, einer hochalpinen Seenplatte auf 2500 m.

SEHENSWERT

Die Landesgeschichte ist stark von **Schloss Tirol** (um 1140) geprägt, Stammburg der mächtigen Grafen von Tirol (nur über 1 km Fußweg erreichbar, www.schlosstirol.it; Mitte März–Anf. Nov., Di.–So. 10.00–17.00 Uhr). Zum Schloss gehört eine **Greifvogelstation** (www.gufyland.com; Flugshow Di.–So. 11.15, 15.15 Uhr).

UMGEBUNG

Etwa 45 km nordwestl. geht es ins Kurvenkarussell des **Timmelsjochs**. Es verbindet das **Passeiertal** mit dem österreichischen Ötztal Das Passmuseum zeigt fünf rätselhafte Gebäudeskulpturen (www.timmelsjoch.com; Mitte April–Okt.). Zur Übernachtung siehe auch **€€€€ Quellenhof**, St. Martin/Passeier: s. S. 22.

INFORMATION

Tourismusverein Dorf Tirol, Hauptstr. 31, I-39010 Dorf Tirol, Tel. +39 0473 92 33 14, www.dorf-tirol.it

6 Meran

Aus einer Militärstation der Römer entstand die 857 erstmals erwähnte Siedlung Mairania. Im Mittelalter Hauptstadt von Tirol, erlebte Meran (42 000 Einw.) Anfang des 19. Jh. seinen Aufschwung als Kurstadt mit mediterranem Flair.

SEHENSWERT

Die **Altstadt TOPZIEL** entfaltet ihren Mittelaltercharme in der **Laubengasse** (Mitte 13. Jh.), die Korn- und Pfarrplatz verbindet.
Am **Brunnenweg** sorgen 12 künstlerisch gestaltete Trinkwasserbrunnen (69 gibt es in der ganzen Stadt) im Sommer für kostenlose Erfrischung.
Die **Kurpromenade** (1800) führt am **Kurhaus** (Westflügel, 1874) vorbei, einem der schönsten Jugendstilbauten der Alpen (Freiheitsstr. 33, www.kurhaus.it; Mo.–Fr ab 8.30 Uhr).

WELLNESS

Das minimalistische Innendesign der **Therme Meran** entwarf 2005 der in Bozen geborene Stararchitekt Matteo Thun. 25 Innen- und Außenbecken mit radonhaltigem Wasser lindern Gelenk- und Atemwegsbeschwerden (Thermenplatz 9, www.thermemeran.it; tgl. 9.00–21.00 Uhr).

VERANSTALTUNGEN
Das **Südtirol Festival Meran** (Ende Aug. bis Ende Sept., www.meranofestival.com) bietet klassische Musik im Kurhaus. Als ältestes Erntedankfest Südtirols wird seit 1886 das **Meraner Traubenfest** gefeiert (3. Okt.-Wochenende). Produzenten italienischer Weine treffen sich zum **Meraner Weinfestival** u. a. im Kurhaus (Anf. Nov., https://meranowinefestival.com). Chromblitzende Oldtimer drehen bei der internationalen **Südtirol Classic Rallye** (2. Juli-Woche, www.suedtirolclassic.com) ihre Runden auf den Passstraßen bis in die Dolomiten. Start/Ziel: Schenna (www.schenna.com).

EINKAUFEN
Der Genussmarkt **Pur Südtirol** (Freiheitsstr. 35, www.pursuedtirol.com) bietet ca. 2200 kulinarische Produkte aus heimischer Produktion.

UNTERKUNFT/RESTAURANT
Das ehemalige Jagdschlösschen **€€€€ Castel Fragsburg** (Fragsburg 3, Meran, www.fragsburg.com) wirkt wie aus einem Märchen in die Berge über Meran versetzt: außen von Efeu umrankt, mit Pool im Rosengarten, Naturwellness im Alchemisten-Spa und Gourmetküche mit Michelin-Stern, serviert auf einem sensationellen Balkon. **€€€/€€€€ Hotel Miramonti** in Hafling, **€€€€ Hotel Therme Meran**, **€€€€ Hotel Hohenwart** in Schenna: s. S. 22

UMGEBUNG
Die Gärten von **Schloss Trauttmansdorff** (1347) sind auf dem „Sisi-Weg" vom Zentrum Merans in ca. 1 Std. zu Fuß zu erreichen. Auf 12 ha werden 80 exotische und heimische Gartenlandschaften gezeigt. Das Schloss beherbergt u. a. die ehem. Wohnräume von Kaiserin Sisi sowie das **Touriseum**, eine Dokumentation zu 200 Jahren Südtiroler Tourismusgeschichte (St.-Valentin-Str. 51 a, www.trauttmansdorff.it; April–Okt. 9.00–19.00, 1.–15. Nov. bis 17.00 Uhr).
Auf **Schloss Schenna** (6 km nordöstl.) lebte und starb Erzherzog Johann, der Lieblingshabsburger aller Tiroler. Heute werden hier Tiroler Geschichte, Lebensart und Kunst dokumentiert (www.schloss-schenna.com; nur mit Führung, April–Okt. Di.–Fr. 11.30, 15.00, Mo., Do. 21.00 Uhr).
Von **Lana** (10 km südwestl.) erreicht man in 20 Min. mit der Seilbahn das **Vigiljoch** (1743 m), wo Matteo Thun mit dem **€€€€ Vigilius Mountain Resort** (www.vigilius.it) den Sprung von der traditionellen Holzbauweise zur Moderne wagte. Die Pferderasse der Haflinger wurde nach dem Ort **Hafling** (11 km südöstl.) benannt. Zwischen Hafling und Vöran kann man großes Naturkino erleben, und das völlig gratis: in den 30 Freiluftsesseln des **Knottnkinos** (Knottn = Felsen) auf dem Rotsteinkogel.

INFORMATION
Kurverwaltung Meran, Freiheitsstr. 45, I-39012 Meran, Tel. +39 0473 27 20 00, www.merano-suedtirol.it/de

YAKAUFTRIEB MIT REINHOLD MESSNER

„Halten Sie Abstand, wenn Sie am Leben bleiben wollen", mahnt Reinhold Messner neugierige Urlauber. Mit den großen, zotteligen Yaks ist nicht zu spaßen, wenn Kälbchen in der Herde sind. Jedes Jahr Ende Juni begleiten Einheimische und Gäste den Alpinisten beim Almauftrieb seiner Yakherde, von Sulden hinauf zur Sommerweide.

Bei schönem Wetter wandern mehr als hundert Touristen mit, und die Helfer wissen oft nicht, wen sie mehr im Zaum halten müssen – die Tiere oder die fotografierenden Leute. Doch diesmal gießt es in Strömen. Reinhold Messner stört das nicht, schließlich war der inzwischen Achtzigjährige einst Extrembergsteiger. Und so zieht die durchnässte Karawane gemächlich bis zur Schaubachhütte auf 2581 Metern. Ab hier gehen die exotischen Rinder allein weiter zur Madritsch-Alm am Fuß der Königspitze, auf über 2800 Metern, während Messner sich in der trockenen Hütte für seine Fans Zeit nimmt, Autogramme gibt und erzählt, wie er zu den Yaks kam. In der ehemaligen DDR hatte man versucht, die

Reinhold Messner begleitet seine Yakherde zur Sommerweide – bei jedem Wetter.

robusten Hochlandrinder aus dem Himalaya, die bis zu minus 40 °C vertragen, mit heimischen Tieren zu kreuzen. Als das erfolglose Unterfangen 1985 abgeblasen wurde, kaufte Messner zwanzig der Tiere und brachte sie nach Sulden.

Einen Almabtrieb im Herbst – Gegenstück zum Almauftrieb – gibt es übrigens nicht. „Die Tiere haben ein gutes Gespür für den ersten Schnee", erklärt Messner. Bevor der Winter Einzug hält, kehren sie von allein ins Dorf zurück. Sobald die Suldener die ersten Yaks kommen sehen, wissen sie: Nun ist es höchste Zeit, die Geranientöpfe ins Haus zu holen.

Termin: Ende Juni, genauer Tag: www.messner-mountain-museum.it
Treffpunkt: Talstation der Seilbahn Sulden
Gehzeit: ca. 45 Min. bis zur Schaubachhütte
Anmeldung nicht erforderlich, die Teilnahme ist kostenlos.

Zentrale Dolomitenregion

IM REICH DER ZACKENBERGE

Die Dolomiten sind eine Gebirgslandschaft von so einzigartiger Schönheit, dass sie als UNESCO-Welterbe geschützt sind. Manch einer vermutet ein verwunschenes Märchenland hinter den geheimnisvollen Bergmassiven. Schließlich verzaubert das magische Alpenglühen des Rosengartens in der Heimat der Ladiner jeden Betrachter.

300 Sonnentage im Jahr, grandiose Ausblicke auf Dolomitengipfel wie Lang- und Plattkofel, dazu eine breite Palette an Sportangeboten – all das macht die Seiser Alm zum Ferienparadies.

Ein Wahrzeichen Südtirols: Der Schlern mit der vorgelagerten Euringer- und Santnerspitze überragt als unverwechselbare Kulisse die Seiser Alm.

Logenplatz: Auf der Terrasse der Adler Lodge Alpe auf der Seiser Alm kann man sich satt essen, aber wohl kaum sattsehen.

»DIE DOLOMITEN SIND DIE SCHÖNSTEN BAUWERKE DER WELT.«

Le Corbusier

Ein Pferdeschlitten saust in einer Vollmondnacht durch die Gebirgslandschaft, als sich plötzlich zwei Zähne in den Hals des Vampirjägers graben ... Die Rede ist von Roman Polanskis Kultfilm „Tanz der Vampire“. Als wunderschöne Bergkulisse sind darin jedoch nicht etwa die Südkarpaten zu sehen, wo die Handlung eigentlich angesiedelt ist, sondern die Seiser Alm vor dem Hintergrund der Langkofelgruppe mit dem Plattkofel. Gedreht wurde die mystische Bergszene 1967 rund um das ehemalige Hotel Mezdì, wo mittlerweile die Chalets der Adler Lodge Alpe eine würdige Nachfolge angetreten haben.

Pferdekutschen sind hier bis heute zahlreich anzutreffen, schließlich hält man die größte Hochalm Europas weitgehend autofrei. Die einzigartige Schönheit des 52 Quadratkilometer großen, bis zu 2350 Meter hoch gelegenen Plateaus machte die Seiser Alm weltberühmt – nicht nur bei Graf-Dracula-Fans. Vor den Dolomitengipfeln des Schlern, der Rosengarten- und der Langkofelgruppe wirkt die reizvolle Landschaft so irreal, als würde man durch das Postkartenmotiv einer Fototapete spazieren. Ein breites Massiv aus über 3200 Meter hohen Zackenbergen steigt vor saftigen Almwiesen auf, aus deren sanften Hügeln kleine Holzhütten lugen. Ein paar Bauern stellen Heumännchen zum Trocknen auf, während die nächste Pferdekutsche neue Gäste zu ihrer Unterkunft bringt. Die Welt hier oben wirkt wie aus der Zeit gefallen, ist doch die Seiser Alm ein Naturjuwel, wie man es nur noch selten findet. Damit das so bleibt, ist die Zufahrt in das Landschaftsschutzgebiet streng geregelt und der private Autoverkehr tagsüber untersagt.

IM KURVENKARUSSELL

Viele Dolomitentäler waren lange Zeit nur schwer erreichbar. Als sich die ersten Abenteurer in höchste Bergregionen vorwagten, begeisterten sie mit ihren Berichten auch viele Städter. Ein dichtes Netz an Wegen und Schutzhütten entstand in der Folge – die Berge wurden zum Erlebnisraum. Ab Mitte des 19. Jahrhunderts war es möglich, die engen Täler und Schluchten durch richtige Passstraßen und Brücken befahrbar zu machen. Heute sind von der 110 Kilometer langen Großen Dolomitenstraße nahezu alle bedeutenden Gipfel zu bewundern, wobei es allein in der Dolomitenregion mehr als hundert Haupt- und Nebengipfel von über 3000 Meter Höhe gibt. Auch wenn die meisten Passstraßen für heutige Bremsen und Motoren keine unwägbaren Herausforderungen mehr sein mögen, ist durchaus Fahrkönnen gefragt,

Etwas abseits des Dolomiti-Superski-Gebiets liegt auf 2250 Meter Höhe die Troier Hütte auf der Seceda-Alm. Traumpanorama und dazu Deftiges wie „Zweierlei Knödel" auf dem Teller – oder vielmehr im Pfännchen –, was will das Wintersportlerherz mehr?

Grandioser Blick auf die Sellagruppe auch aus dem Sessellift Città dei Sassi und bei der Abfahrt vom Sellajoch

ES MUSS NICHT IMMER GULASCHSUPPE SEIN …

Auf der Emilio-Comici-Hütte, am Fuß des Langkofels, gibt es auch erlesene Meeresfrüchte und dazu erstklassige Weine – in 2200 Meter Höhe!

Der Cisles-Höhenweg ist eine familientaugliche Rundwanderung am Fuß der Geislerspitzen. Ausgangspunkt der Tour ist die Bergstation der Col-Raiser-Kabinenbahn in Wolkenstein. Auch Mountainbiker kommen im Bereich der Cisles-Alm auf ihre Kosten.

Im Herbst sind im Grödnertal nicht nur die Lärchen golden gefärbt. Man hat auch beste Sicht auf Langkofel & Co., wie hier auf der Juac-Alm oberhalb von Wolkenstein.

Felswände aus Muschelkalk und Korallenriffen aus den Meerestiefen empor. Von Wind und Wetter wurden sie mit der Zeit zu zackigen Gebilden geformt, und weil sie so völlig anders waren als die Berge ringsum, nannte man sie bald „bleiche Berge". Dass der Grund für die fahle Farbe im magnesiumhaltigen Kalkstein lag, erkannte 1788 der Geologe Déodat de Dolomieu, nach dem die Dolomiten heute benannt sind.

Im Leben der Einheimischen spielt das Gebirgsmassiv schon seit Jahrhunderten eine große Rolle. Die mehr als 40 verschiedenen Gräser- und Blumenarten, die ungedüngt auf dem Dolomitgestein der Hochalmen wachsen und nur einmal im Jahr geschnitten werden, finden in der alpinen Hausapotheke, bei Wellnessanwendungen und in der Küche hinreichend Verwendung. Gegen jedes Wehwehchen scheint hier ein Kraut gewachsen zu sein, und Köche wie Norbert Niederkofler haben die Region mittlerweile in den höchsten Michelin-Sternehimmel befördert.

HERR DER THRONE

Wenn in den langen Wintermonaten die Feldarbeit ruhte, gab das Schnitzen den Menschen in den abgelegenen Bergregionen Arbeit. Besonders das Grödnertal im Herzen der Dolomiten entwickelte sich schon früh zum Holzschnitzzentrum. Im Sommer gingen Buckelkrämer mit Körben voller handgeschnitzter Haushaltswaren und Holzspielzeug in den Tälern hausieren und sorgten so für bescheidenen Wohlstand. Besonders das Schnitzen von Heiligen- und Krippenfiguren erweist sich bis heute als lukrativ, die Auslagen der Geschäfte in St. Ulrich, St. Christina oder Wolkenstein sind voll davon. Daneben haben auch immer mehr zeitgenössische Holzkünstler hier ihre Ateliers, wie etwa der 1972 geborene Aron Demetz, der seine Skulpturen gern kontrolliert abbrennt und zerfranst, oder Walter Moroder, Jahrgang 1963, dessen Werke von lebensgroßen Holzfiguren auf Sulawesi inspiriert sind.

IM LEBEN DER EINHEIMISCHEN SPIELT DAS GEBIRGSMASSIV VON JEHER EINE GROSSE ROLLE.

Wer jedoch die tiefere Bedeutung des Südtiroler Holzes begreifen will, muss das Atelier des Altmeisters Adolf Vallazza in St. Ulrich besuchen. Es erstreckt sich über drei Stockwerke und ist ein wildes Wunderland voller märchenhafter Skulpturen, die an Menschen, Tiere und Fabelwesen erinnern. Riesige Totems oder archaische Stühle, sogenannte Throne, für die Vallazza weltbekannt ist, sind häufig durchsetzt mit Puzzles ineinandergefügter Holzteile.

„Hier steht mein ganzes Leben", sagt der bescheidene alte Herr von inzwischen 100 Jahren. Als Grödner hat auch Adolf Vallazza in jungen Jahren als Herrgottschnitzer begonnen, aber irgendwann erkannt, welch großartige Skulpturen Künstler wie Picasso oder Braque dem Holz entlocken konnten. Er begann Figürliches zu abstrahieren, bis ein Schlüsselerlebnis seinen Weg vom Kunsthandwerker zum Künstler besiegelte. „Als ich sah, wie jahrhundertealtes Holz von abgebrochenen Häusern zu Brennholz gemacht werden sollte, empfand ich große Wehmut darüber. Was hatte dieses Holz nicht alles erlebt, welche Geschichten waren darin gespeichert", erklärt Vallazza. Die Bauern hatten mit ihren Nagelschuhen sichtbare Furchen hinterlassen und die Witterung manches Holz gegerbt und ausgebleicht. Die Arbeit mit alten Hölzern aus aufgegebenen Bauernhöfen oder Heustadeln gilt heute als Vallazzas Markenzeichen.

MAGISCHES ALPENGLÜHEN

Obwohl die Region touristisch bestens erschlossen ist, hat sich hier bis heute die jahrhundertealte Kultur der Ladiner erhalten. In fünf Tälern, die sternförmig vom Sellastock ausgehen, ist diese kleine, nur rund 30 000 Menschen zählende Bevölkerungsgruppe zu Hause – was unter anderem daran zu erkennen ist, dass die Ortsschilder hier dreisprachig sind. Versteckt hinter imposanten Bergwänden, scheint dieses Gebiet mit seiner eigenen Sprache und Kultur ein Märchenreich aus längst vergangener Zeit zu sein, wo die Magie der Natur atemberaubende Landschaften mit Hexen, Elfen und Feen hervorgebracht hat.

Von den Ladinern stammt auch die Legende um den Zwergenkönig Laurin, der einst aus Wut darüber, dass seine

»SCHAFFEN UND STREBEN IST GOTTES GEBOT. ARBEIT IST LEBEN, NICHTSTUN DER TOD.«

An einer Hauswand in Kastelruth

prachtvollen Rosen seinen Verfolgern sein Versteck verraten hatten, den Garten verwünschte, sodass er bei Tag und bei Nacht unsichtbar wurde. Nur die Dämmerung vergaß Laurin. Wenn heute die ersten und ganz besonders die letzten Sonnenstrahlen des Tages den Rosengarten rötlich bescheinen, wird er deshalb sichtbar, so heißt es. Das Zwielicht verleiht den Felsen ein magisches Leuchten, das von Rosa über Orange und Rot bis Lila reicht. „Geh nun, Sonnenstrahl“, heißt es in einem Lied der Ladiner. In ihrer Sprache klingt selbst das wie Zauberei: *Rai de sorëdl va!*

Bei der Kastelruther Bauernhochzeit wird alle zwei Jahre im Januar eine traditionelle Hochzeit nachgestellt. Dabei fährt die „Hochzeitsgesellschaft“ in historischer Tracht mit Pferdeschlitten von St. Valentin durch den Schnee nach Kastelruth. Auf der Treppe des Turms der Pfarrkirche stellt sich die Gesellschaft zum Gruppenbild auf. Die Gastwirte servieren typische Hochzeitsspeisen wie Teigfleckerl mit Wildragout. Es wird gefeiert und getanzt.

Der Santnerpass-Klettersteig im Rosengarten, der Dolomitenklassiker schlechthin, ist nach dem Tiroler Bergsteiger Johann Santner benannt. Der 1840 in St. Jakob in Defereggen geborene Alpinist bestieg 1880 allein und ohne technische Hilfsmittel als Erster den Großen Schlernzacken, der seither Santnerspitze heißt. Der Klettersteig zum Santnerpass ist nur im obersten Abschnitt mit Drahtseilen gesichert. Die meisten Passagen werden frei geklettert.

Kulinarik

DIE GENUSSHANDWERKER

Sternerestaurants zeichnen Südtirol genauso aus wie urige, einfache Almhütten. Doch ob man nun eine rustikale Jause oder ein Designerkunstwerk mit mediterranen Anklängen serviert bekommt – Regionalität ist immer das oberste Gebot.

Gourmetkoch Franz Mulser vor der Gostner Schwaige auf der Seiser Alm, im Hintergrund die Silhouette des Schlern.

Der Weg in den kulinarischen Himmel ist steinig und steil. Nach einer Bergwanderung weiß mancher Gast noch mehr zu schätzen, was auf seinem Teller landet. Vielleicht ist Franz Mulsers Almhütte auf der Seiser Alm deshalb nur zu Fuß zu erreichen? Der Weg lohnt sich, denn die Gostner Schwaige bietet Bergküche de luxe. Seit er Salate mit 35 Almblüten oder Heublumensuppe mit 25 Bergkräutern serviert, gilt Mulser als Blumenflüsterer. Kein Wunder, dass viele die Blütenpracht erst einmal im Bild festhalten, ehe sie sich ans Schlemmen machen.

DER SCHÖNSTE ORT DER WELT

Mit Karohemd, blauem Schurz und Tirolerhut wirkt der Koch wie ein Bauernbub. Dass er bei Sterneköchen wie Harald Wohlfahrt oder Hans Haas gelernt hat, kann man sich da nicht recht vorstellen. Mulser ist keiner, der viel redet. Dass Michelin-Sterne nicht zur Gostner Schwaige passen, sagt er aber doch. Eine Miniküche und eine Stube für gerade mal 25 Personen – für ihn ist es der schönste Ort der Welt. Hierher wollte er zurück, schon weil fast alle Zutaten für seine Gerichte vom eigenen Hof kommen. Frisch, regional und von glücklichen Tieren, das ist ihm wichtig. Wenn sich bisweilen ein Gast über den Fleischgeschmack wundert, erklärt der Gourmetkoch gern, dass Fleisch vom Milchkalb eben süßlich schmeckt oder Fleisch von frei laufenden Rindern reinste Muskelmasse ist. „Viele Gäste sind das nicht mehr gewohnt."

AM GIPFEL DES GENUSSES

Mit 24 Michelin-Sternen, verteilt auf 20 Restaurants, nehmen die Gourmetköche Südtirols einen der Spitzenplätze in Italien ein. Der Drei-Sterne-Koch Norbert Niederkofler gilt schon lange als der Ausnahmekoch des Landes. Auch er ist – nach Lehrjahren in der weiten Welt – letztlich zurückgekehrt in die Heimat. Im AlpiNN am Kronplatz wie auch im Atelier Moessmer Norbert Niederkofler in der ehemaligen Villa der renommierten Tuchfabrik Moessmer in Bruneck legt er Wert auf ausschließlich saisonale Produkte aus der Region. Ein Wagnis, denn woher sollen vor allem im Winter all die frischen Aromen kommen?

„Tomate?" heißt etwa ein Gang des Wintermenüs – Tomate mit Fragezeichen. Ein Spiel sei das, erklärt Niederkofler. Eigentlich handelt es sich um Zwetschgen, die durch Fermentation aussehen wie Tomaten und im ersten Moment auch so schmecken. Der verblüffte Gast erfährt, dass der Spitzenkoch mit den lokalen Bauern vereinbart hat, die Erzeugnisse, an deren

Heublütensuppe im hausgebackenen Brottöpfchen von „Blumenflüsterer" Franz Mulser

Küchenkünstler: Mattia Baroni in der Küche des La Fuga (ganz oben, li. im Bild), Norbert Niederkofler mit fermentierten Produkten (o. li.); Heinrich Schneider (o. re.)

Qualität gemeinsam gearbeitet wurde, auch zur Gänze abzunehmen und bei der Verarbeitung fast keine Abfälle zu produzieren. So besinnt sich Niederkofler auf altbewährte Methoden der Konservierung. Da wird fermentiert, eingelegt, getrocknet und manches Gemüse einfach im Boden gelassen, bis es gebraucht wird.

RADIKAL LOKAL

Inzwischen tun es ihm viele junge Köche gleich. Christoph Huber vom Wirtshaus zur blauen Traube in Algund verwendet nur Produkte aus einem Umkreis von rd. 200 Kilometern. Das La Fuga in Bad Schörgau, das „Forschungslabor für Kulinarik der Zukunft“ von Wirt Gregor Wenter und Koch Mattia Baroni, versteht sich weniger als Restaurant denn als Theaterinszenierung. Hauptdarsteller sind die Gerichte, die alle saisonale Geschichten erzählen. Und Heinrich Schneider hat es mit dem Terra im Sarntal zum höchstgelegenen Sternerestaurant Italiens und zu gleich zwei Michelin-Sternen gebracht. Wie in Kindertagen sammelt er bis heute in der Umgebung seines Lokals Kräuter und Pilze. Als diplomierter Wildkräuterfachmann hat er Spaß daran, die Gäste mit Zutaten zu überraschen, die ihnen völlig neu sind.

STERNE VOR DER HÜTT'N

Eine Überraschung sind auch so manche Hüttengerichte. Unter dem Motto „Skifahren mit Genuss“ bieten Berghütten in Alta Badia in der Wintersaison neben der normalen Speisekarte jeweils ein Gericht von einem Sternekoch zu erschwinglichen Preisen an. Noch kurioser wird es, wenn man sich fragt, was es bei einem Sternekoch wohl zu klauen gibt. Fleisch, Nudelteig und gute Weine, weiß Kevin Trafoier, Sohn von Jörg Trafoier. Seine kulinarischen Kreationen im Restaurant Kuppelrain im Vinschgau übten auf einige Langfinger einen so unwiderstehlichen Reiz aus, dass sie die teuren Holzthrone von Adolf Vallazza glatt stehen ließen.

MILCH VON GLÜCKLICHEN KÜHEN

In Südtirol kann der Tag auch ohne Sterneküche herrlich beginnen – mit frischer Heumilch, cremigem Joghurt, Eiern von Freilandhühnern, knusprigen Vinschgerlen oder Schüttelbrot. So sieht ein Frühstück im Urlaub auf dem Bauernhof aus. Dass manche ihrer Gäste zu Hause von Laktoseintoleranz geplagt werden, wundert die Bäuerin nicht. „Entrahmt, ultrahocherhitzt und im Tetrapack abgefüllt – das ist doch keine Milch mehr.“ Bei ihrer frischen Milch, die geschmacklich nicht verleugnet, dass sie von der Kuh stammt, merkt so mancher Städter, wie ihm sein natürliches Geschmacksempfinden über die Jahre abhandengekommen ist.

Südtiroler Gourmetadressen

Franz Mulser, Gostner Schwaige: ***www.gostnerschwaige.com***
Atelier Moessmer Norbert Niederkofler und AlpiNN:
https://ateliernorbertniederkofler.com, https://alpinn.it
Christoph Huber, Zur blauen Traube: ***www.blauetraube.it***
Mattia Baroni, La Fuga: ***www.bad-schoergau.com***
Heinrich Schneider, Terra: ***https://terra.place***
Jörg Trafoier, Kuppelrain: ***www.kuppelrain.com***
Genuss-Skifahren Alta Badia: ***www.altabadia.org***

Anzeige

Wo Weine reifen dürfen

Die Weine der traditionsreichen Cantina Terlan erhalten regelmäßig höchste Bewertungen und finden sich auf den besten Weinkarten weltweit. Ob Sauvignon Blanc Winkl, Chardonnay Kreuth oder Terlaner Riserva Nova Domus – die Weine sind begehrt und meist schnell ausgetrunken. Besucher:innen der Region sollten also die Gelegenheit nutzen, um die Cantina und ihre Weine kennenzulernen und bei einem Besuch im Shop ein paar Weine für den Genuss zuhause mitzunehmen.

Im Etschtal zwischen Meran und Bozen liegt das Südtiroler Weindorf Terlan – ein Ort mit jahrhundertealter Weinkultur. Seit 1893 steht hier die Cantina Terlan, eine der renommiertesten Kellereien Italiens, bekannt für ihre außergewöhnlich langlebigen Weißweine und eine konsequent qualitätsorientierte Philosophie.
Die Reben wachsen auf Höhenlagen zwischen 250 und 900 Metern – teils in extremen Steillagen mit Neigungen von bis zu 70 Prozent. Das rote, vulkanische Porphyrgestein prägt die Landschaft sowie die Weine: Ein einzigartiges Mikroklima, der hohe Mineralgehalt und die natürliche Kargheit der Böden verleihen den Trauben schon im Weinberg eine besondere Struktur, Frische und Ausdruckskraft. Neben dem roten Lagrein sind es vor allem die drei Weißweinsorten Weißburgunder, Chardonnay und Sauvignon Blanc, die große, langlebige Weine auf Quarzporphyr hervorbringen.
Kellermeister Rudi Kofler und sein Team setzen auf sorgfältige Handarbeit, den Erhalt alter Rebbestände und eine präzise Selektion. Die Weine werden in kleinen Chargen vinifiziert, differenziert ausgebaut und klar in Qualitätsstufen gegliedert – von frischen Klassikern bis hin zu gefeierten Selections- und Raritätenweinen mit beeindruckendem Lagerpotenzial. Der Ausbau im großen Holzfass ist dabei ebenso bedeutend, wie die Ausbaumethode „sur lie“(auf der Feinhefe), durch die die Weine an Charakter und Komplexität gewinnen.

Terlaner Cuvée als Botschafter

Ein Wein, der eine besondere Rolle für die Cantina Terlan spielt, ist die Terlaner Cuvée. Nicht nur, weil dieser Wein als einziger Terlan im Namen führt. Vielmehr sieht die Cantina Terlan im Terlaner den Inbegriff der eigenen DNA und das Fundament für die große Weißweinkultur in Terlan.

Kontakt:

Tel.: +39 0471 257135
E-Mail: office@kellerei-terlan.com

Silberleitenweg 7
I - 39018 Terlan (BZ)

Wineshop Öffnungszeiten:

Montag bis Freitag:
9.00 - 18.00 Uhr

Samstag: 9.00 - 12.30 Uhr

Bereits seit der Gründung gibt es diese Cuvée, die heute immer aus Weißburgunder, Chardonnay und Sauvignon Blanc besteht. Jede Sorte trägt mit ihren unterschiedlichen Einflüssen zum Gesamtbild bei: Der Weißburgunder stellt den deutlich größten Anteil und garantiert Frische und ein gutes Säuregerüst.
Chardonnay kommt an zweiter Stelle und bringt Schmelz und Tiefe. Sauvignon Blanc als kleinster Teil rundet den Wein mit seinen frischfruchtigen Aromen ab. Das erhebliche Engagement für die historische Cuvée zeigt sich auch daran, dass die Cantina Terlan neben dem klassischen Terlaner noch zwei weitere Terlaner-Cuvées erzeugt: Terlaner Riserva Nova Domus sowie Primo Terlaner I Grande Cuvée, der wertvollste Weißwein der gesamten Kollektion.

Unbedingt einplanen

Wer die Weine und ihre Geschichte hautnah erleben möchte, ist herzlich eingeladen, die Cantina Terlan zu besuchen. Von April bis September werden regelmäßig Führungen und kommentierte Verkostungen angeboten.
Auch spontane Besuche sind im eigenen Shop möglich. Im Gespräch und bei einem Glas Wein lässt sich nicht nur die Vielfalt der Weine entdecken, sondern auch ein tiefer Einblick in Philosophie, Handwerk und Herkunft gewinnen.

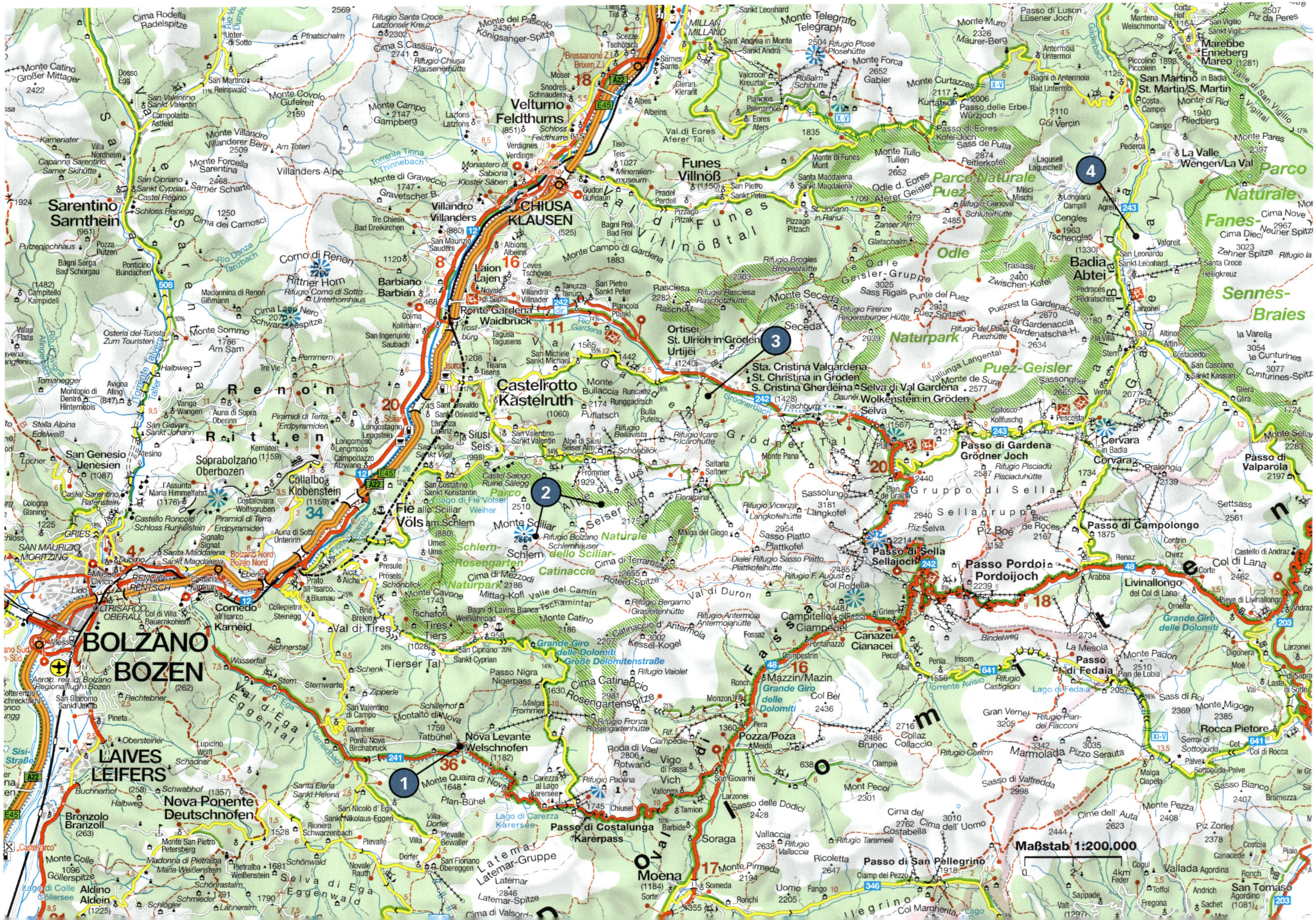
BOLZANO
BOZEN
CHIUSA
KLAUSEN
LAIVES
LEIFERS
Sarentino
Sarntheim
Velturno
Feldthurns
Funes
Villnöß
Castelrotto
Kastelruth
Ortisei
St. Ulrich in Gröden
Urtijëi
Sta. Cristina Valgardena
St. Christina in Gröden
S. Cristina Gherdëina
Selva di Val Gardena
Wolkenstein in Gröden
Selva
Badia
Abtei
Corvara
La Valle
Wengen/La Val
San Martino in Badia
St. Martin/S. Martin
Marebbe
Enneberg
Mareo
Fie allo Sciliar
Völs am Schlern
Siusi
Seis
Soprabolzano
Oberbozen
Collalbo
Klobenstein
San Genesio
Jenesien
Cornedo
Karneid
Nova Levante
Welschnofen
Nova Ponente
Deutschnofen
Bronzolo
Branzoll
Aldino
Aldein
Moena
Soraga
Canazei
Cianacei
Campitello
Ciampedel
Pozza/Poza
Vigo
Mazzin/Mazin
Passo di Costalunga
Karerpass
Passo di Sella
Sellajoch
Passo di Gardena
Grödner Joch
Passo Pordoi
Pordoijoch
Passo di Campolongo
Passo di Fedaia
Passo di San Pellegrino
Passo di Valparola
Livinallongo
Tiers
Tierser Tal
Parco Naturale Puez
Odle
Naturpark Puez-Geisler
Parco Naturale Fanes-Sennes-Braies
Schlern-Rosengarten Naturpark
Parco Naturale dello Sciliar-Catinaccio
Grande Giro delle Dolomiti
Große Dolomitenstraße
Gruppo di Sella
Sellagruppe
Latemar-Gruppe
Val di Fassa
Val di Funes
Villnößtal
Gröden Tal
Renon
Ritten
Val d'Ega
Eggental
Seiser Alm
Monte Sciliar
Schlern
Maßstab 1:200.000
1
2
3
4

HERZ AUS STEIN

Die Gebirgslandschaft der Dolomiten ist ein Zauberland aus vielen Zackenbergen. Mittendrin liegen die Seiser Alm, eine der größten Hochalmen Europas, das Grödnertal mit seinen Holzkünstlern sowie der Rosengarten mit seinem magischen Alpenglühen oder der Latemarwald mit seinen klingenden Hölzern.

1 Eggental

Hauptort des Eggentals ist Welschnofen (2000 Einw.) an der Großen Dolomitenstraße. Der Ort ist ladinischen Ursprungs und als Ausgangspunkt für Bergtouren in den Rosengarten und zum Latemar bei Wanderern und Bergsteigern beliebt. Auch der Karersee war schon Ende des 19. Jh. ein attraktives Reiseziel, wovon noch das ehemalige Grandhotel Karersee zeugt. In dem Belle-Époque-Gebäude, das einst Kaiserin Sisi, Agatha Christie oder Winston Churchill beherbergte, finden sich heute Ferienappartements.

SEHENSWERT

Der **Rosengarten** ist ein imposantes Bergmassiv, das sich vom Schlern im Norden bis zum Karerpass im Süden erstreckt und das vor allem für das abendliche „Glühen" seiner Gipfel bekannt ist. Bequem und autofrei gelangt man von **Welschnofen** hinauf zur Kölner Hütte (2339 m) – mit der neuen Kabinenbahn „König Laurin", deren spektakuläre Bergstation unsichtbar im Berginneren liegt, sodass allein die Natur der Star bleibt. In Richtung Karerpass erreicht man den traumhaft gelegenen **Karersee** (4 km südöstl. von Welschnofen), in dessen smaragdgrünem Wasser sich die zerklüfteten Gipfel des Latemar spiegeln. Bei Instrumentenbauern ist der **Latemarwald** für seine Klangfichten (S. 46) berühmt, deren Holz wegen der geringen Jahrringbreite und großen Astreinheit besonders hochwertig ist.

Tipp

Im Sternendorf

Im Eggental kann man den Sternen besonders nah sein, denn im ersten europäischen Sternendorf gibt es eine glasklare Sicht auf den Nachthimmel. Die Orte Gummer und Steinegg warten mit Nachtwanderungen, Planetenweg, Südtirols einziger Volkssternwarte und Planetarium auf. Im Gasthof Oberwirt schläft man mit Dachfenster überm Bett oder, im Apollo-Zimmer, in der originalgroß nachgebauten Mondlandefähre „Eagle".

www.sternwarte.it, www.planetarium.bz.it, www.gasthofoberwirt.com

Seiser Alm: Adler Lodge Alpe. Museum Gröden: Nachlass von Luis Trenker. Völser Weiher.

UNTERKUNFT/RESTAURANT

€€€€ **Cyprianerhof** in Tiers: s. S. 23.

INFORMATION

Eggental Tourismus, Dolomitenstr. 4, I-39056 Welschnofen, Tel. +39 0471 61 95 00, www.eggental.com

2 Seiser Alm/Schlern

Die **Seiser Alm** TOPZIEL (2350 m), mit 56 km² größte Hochalm Europas, ist als Landschaftsschutzgebiet für den privaten Autoverkehr von 9.00 bis 17.00 Uhr gesperrt. Hotelgästen ist am An- und Abreisetag die Zufahrt mit Sondererlaubnis gestattet (z. B. beim Hotel erhältlich). Am bequemsten erreicht man die Hochalm mit der Alm-Bahn von Seis aus; die Bergstation befindet sich beim Hoteldorf Compatsch. Am Fuß der Seiser Alm liegen die Ferienorte Seis, Völs und Kastelruth.

SEHENSWERT

Kastelruth (6880 Einw.), das größte und nördlichste der drei Dörfer am Fuß des Schlern, ist vor allem durch die Musikgruppe „Kastelruther Spatzen" und deren Open-Air-Festival im Juni sowie das Volksmusikfest im Okt. bekannt (www.kastelrutherspatzen.de); Fanshop und Spatzenmuseum (Dolomitenstr. 21, https://shop.kastelrutherspatzen.de/) dürfen nicht fehlen. Der Kirchplatz im Ortszentrum wird von alten Häusern mit Zinnengiebeln und blumen-

geschmückten Erkern gesäumt. Hier steht auch die Pfarrkirche St. Peter und Paul (19. Jh.), deren mächtiger Zwiebelturm aus dem Spätbarock stammt.
Viel von mittelalterlichem Charme bewahrt hat das südlichste Dorf: **Völs** (3600 Einw.) mit Dorfplatz, Pfarrbezirk und verwinkelten Gassen, bereits im ausgehenden 19. Jh. ein beliebtes Ziel für die Sommerfrische und für Heubadkuren. Stammsitz der Herren von Völs war **Schloss Prösels** (um 1200), das mit Führung besichtigt werden kann; auch Konzerte, Theater und Ausstellungen finden hier statt (Führungen Mai–Okt. 11.00, 12.00, 14.00, 15.00, Juli/Aug. auch 13.00, 16.00 Uhr, www.schloss-proesels.it).
In **Seis** (2000 Einw.) vor dem **Schlernmassiv** mit den beiden „Zeigefingern" Santner- und Euringerspitze (2413 und 2394 m) verbrachte der norwegische Dramatiker Henrik Ibsen Ende des 19. Jh. viele Sommerwochen. Oberhalb des Ortes gibt das gotische Kirchlein St. Valentin mit seinem barocken Turmhelm vor dem Schlernmassiv ein umwerfendes Fotomotiv ab.
Südöstl. von Seis steht die **Ruine Hauenstein** auf einem Felsen unterhalb der Santnerspitze. Im 15. Jh. war sie Wohnsitz des Minnesängers Oswald von Wolkenstein.

ERLEBEN
Ein kleiner Teil der Seiser Alm und das Schlernmassiv wurden 1974 unter Schutz gestellt. Heute gehören sie zum 7300 ha großen **Naturpark Schlern-Rosengarten** und zum UNESCO-Welterbe. Die besonderen Witterungsverhältnisse und die Kalkböden des Schlerndolomit sorgen für eine gewaltige Blütenpracht.
Der **Völser Weiher** am Fuß des Schlern ist ein Natursee, an dem im Sommer viele Badegäste Kühlung suchen oder beim Alten Gasthaus (nur zu Fuß oder mit dem Fahrrad erreichbar, www.altesgasthausamweiher.it) ein Ruderboot ausleihen. Im frühen 20. Jh. war das Gasthaus Treffpunkt von Literaten und Künstlern; Arthur Schnitzler verfasste hier große Teile seines Theaterstücks „Das weite Land".

Tipp

Oswald-von-Wolkenstein-Ritt

In Erinnerung an den 1377 geborenen, auf der Trostburg aufgewachsenen Ritter, Abenteurer und Minnesänger Oswald von Wolkenstein findet seit 1983 jedes Jahr an einem Sonntag Ende Mai/Anfang Juni der Oswald-von-Wolkenstein-Ritt statt. Bei dem großen Reiterspektakel ziehen verschiedene Mannschaften mit wehenden Bannern von Kastelruth nach Seis, zum Völser Weiher und zu Schloss Prösels, um sich an den einzelnen Stationen in Schnelligkeit und Geschicklichkeit zu Pferde zu messen.

www.ovwritt.com

St. Ulrich: Restaurant Costamula, direkt an der Skiabfahrt La Longia. Santnerpass-Klettersteig im Rosengarten-Massiv. Bike-Park St. Ulrich.

EINKAUFEN
Florian Rabanser produziert am Plunhof **Dolomiten-Gin**, der nur aus Kräutern und Ingredienzien der Dolomiten gebrannt wird (St. Valentin-Str. 9, St. Valentin-Seis, www.zuplun.it).

UNTERKUNFT
Das allergikerfreundliche **€€€€ Biohotel Tirler** (Saltria 59, Seiser Alm, Tel. +39 0471 72 79 27, www.hotel-tirler.com) setzt mit Zimmern aus Naturhölzern, beheizten Lehmwänden und eigenem Quellwasser auf Natürlichkeit.
Das Heubadln wurde in der Region erfunden. Im **€€€ Hotel Heubad** (Schlernstr. 13, Völs am Schlern, Tel. +39 0471 72 50 20, www.hotelheubad.com), Gasthaus und Heubadstation seit 1903, werden heute Original Völser Heubäder in moderner Form angeboten.
€€€€ Adler Lodge Alpe und **€€€€ Cyprianerhof:** s. S. 23.

RESTAURANTS
Der geschichtsträchtige **€/€€ Fronthof** (Bühelweg 2, Völs am Schlern, Tel. +39 0471 60 10 91, www.fronthof.com) von 1379 ist das größte im Steilhang auf Steinquadern erbaute Bauernhaus Südtirols. Der Oachner Höfewanderweg führt direkt an dem Buschenschank vorbei, der ein beliebtes Törggelen-Ziel ist. Es ist ratsam, rechtzeitig zu reservieren.
€€/€€€ Gostner Schwaige: s. S. 54.

INFORMATION
Tourismusverein Seiser Alm, Compatsch 18, I-39040 Seiser Alm, Tel. +39 0471 72 79 04, www.seiseralm.it

3 Grödnertal

Bekannt für ihre kunstvollen Holzschnitzereien sind die drei Gemeinden **St. Ulrich** (4860 Einw.), **St. Christina** (2015 Einw.) und **Wolkenstein** (2580 Einw.), die alle drei den Einstieg ins legendäre Skikarussell der Sellaronda ermöglichen.

SEHENSWERT
Neben vielen **Herrgottschnitzern** (vollständig handgefertigte Stücke tragen ein Zertifikat der Handelskammer Bozen) haben auch einige zeitgenössische **Holzkünstler** im Grödnertal ihre Ateliers, u. a. Adolf Vallazza (*1924), der für seine Totems und Throne altes Holz verwendet (Streda Sotria 6, St. Ulrich, www.adolfvallazza.com) oder Walter Moroder (*1963), dessen Skulpturen von lebensgroßen Holzfiguren der Toraja auf Sulawesi inspiriert sind (www.waltermoroder.com; in St. Ulrich in der Galleria Doris Ghetta, Pontives 8, www.dorisghetta.com). In Wolkenstein arbeitet Aron Demetz (*1972), der seine Skulpturen gern kontrolliert mit Feuer verkohlt oder mit einer Fräse ausfranst (Industriezone Pontives Nord 13, www.arondemetz.it).

INFORMATION
Tourismusverein St. Ulrich, Rezia Str. 1, I-39046 St. Ulrich, Tel. +39 0471 77 76 00, www.valgardena.it

4 Gadertal

Das Gadertal, ein Talsystem mit mehreren Nebentälern, ist umgeben von mächtigen Dolomitenbergen wie dem Heiligkreuzkofel (2908 m), dem Lagazuoi (2778 m) oder dem Piz Boè (3152 m). Sie schirmten die Bewohner von Fremdeinflüssen ab, wodurch sich bis heute Sprache und Kultur der Ladiner erhalten haben.

SEHENSWERT

St. Kassian (860 Einw.) ist bei Skifahrern sehr beliebt. Der Ort ist über eine Gondel zum Piz Surega (2003 m) an die Sellaronda angebunden. Aus **Wengen** (15 km nördl. von St. Kassian) stammen die über ihre Heimat hinaus bekannten „Wassernixen", auf Ladinisch Ganes. Von Jazz, Klassik und Pop beeinflusst, singt das Trio in der alten ladinischen Sprache.

MUSEUM

Oberhalb von St. Martin in Thurn (7,5 km nördl. von Wengen) erhebt sich Schloss Thurn (1290). Es ist Sitz des **Museums Ladin Ćiastel de Tor**, das unterhaltsam über die ladinische Kultur, Sprache und Geschichte informiert (Ladinisches Landesmuseum Schloss Thurn, Torstr. 65, www.museumladin.it; Mai–Anf. Nov. Di.–So. 10.00–18.00 Uhr).

Das **Istitut Ladin Micurá de Rü** (Stufles-Str. 20, St. Martin in Thurn, www.micura.it; Mo.–Fr.) kümmert sich um die Bewahrung der Sprache und Kultur der Ladiner. Es ist benannt nach dem ladinischen Sprachwissenschaftler Micurá de Rü (Nikolaus Bacher), der als Erster eine Grundlage der ladinischen Grammatik vermittelte.

ERLEBEN

Das Hochabteital, auf Ladinisch Alta Badia, ist mit Lift- und Gondelanlagen an die **Sellaronda** angebunden, eine Tour um den Sellastock, auf der Skifahrer fünf Dolomitentäler erreichen (Gesamtstrecke 40 km, davon 26 km reine Skipisten; www.sellaronda.com). Für eine Komplettumrundung sollte man vor 10.00 Uhr aufbrechen und spätestens um 15.30 Uhr auf dem letzten Pass ankommen, um die letzten Liftfahrten zum Ausgangspunkt nicht zu verpassen. Im Sommer wird das Bergmassiv auch von Mountainbikern umrundet (www.sellaronda-mtb.com).

Eine Gondel fährt auf den Bergrücken des **Piz la Ila** (2077 m), wo sich ein schöner Blick in die Dolomiten bietet. Sportlicher Höhepunkt des Jahres ist der **Slalom- und Riesenslalom-Weltcup** auf der Gran-Risa-Piste (Dez.).

UNTERKUNFT/RESTAURANTS

Der **€€€ Club Moritzino** (Piz La Ila, Badia, www.moritzino.it), eine rustikale Schickeriahütte direkt an der Seilbahnstation auf dem Piz La Ila, serviert gute Fischgerichte. Abends werden die Gäste mit der Schneekatze ins Tal transportiert.

Das **€€€€ Aman Rosa Alpina** (Strada Micurà de Rü, 20, 39036 St. Kassian, www.aman.com) ist seit seiner Eröffnung 1939 ein guter Ausgangspunkt zur Erkundung der Dolomiten. Nach umfänglicher Renovierung empfängt es als spektakuläres Luxusresort der Aman-Gruppe seine Gäste.

€€€€ La Perla in Corvara: s. rechts.

INFORMATION

Tourismusverein St. Kassian,
Streda Micurá de Rü 26,
I-39036 St. Kassian, Tel. +39 0471 84 94 22,
www.altabadia.org

ZUM WOHL ALLER

Mit Ethik und Moral zum Erfolg, geht das überhaupt? Für den Hotelier Michil Costa in Corvara sind unsere Alltagswerte nicht erst seit der Corona-Krise in Gefahr, weshalb er sein Luxushotel La Perla samt Sternerestaurant La Stüa de Michil mit einer ungewöhnlichen Politik betreibt. Schon seit 2011 führt er sein Unternehmen nach den Prinzipien der Gemeinwohlökonomie (GWÖ). Soziale Verantwortung, ökologische Nachhaltigkeit und demokratische Mitbestimmung stehen hier im Vordergrund, nicht der Profit. Seit der Sturm Vaia 2018 Hunderttausende Bäume in der Region entwurzelt hat, beteiligte sich das La Perla zum Beispiel an der Aufforstungsaktion von WOWnature und verschenkte neu gepflanzte Bäume an Gäste, die sich für ein fleischloses Menü entscheiden, um dadurch auch CO_2-Emissionen zu senken.

Mitarbeiter bewerten ihr Unternehmen nicht nur, sondern bestimmen bei der Investition des erwirtschafteten Gewinns mit. „Es ist auch schon vorgekommen, dass ich überstimmt wurde", erzählt Costa schmunzelnd. Für den Hotelier kein Problem, denn

Michil Costa bei der Aufforstungsaktion; rechts sein Restaurant La Stüa de Michil.

er ist sich sicher, dass man auch mit Rücksicht auf soziale Belange und Nachhaltigkeit Geschäfte machen kann, ohne die finanzielle Leistungsfähigkeit zu beeinträchtigen.

Weltweit unterstützen inzwischen etwa 3000 Firmen das alternative Wirtschaftsmodell – in Südtirol beispielsweise auch die Genussmarktkette Pur, die in mehreren Filialen Südtiroler Spezialitäten aus nachhaltigem Anbau verkauft.

La Perla: Strada Col Alt 105, Corvara, Tel. +39 0471 83 10 00, www.laperlacorvara.it

Pur: Genussmärkte in Bozen, Meran, Lana, Brixen und Bruneck; www.pursuedtirol.com

Gemeinwohl-Ökonomie (GWÖ): www.economia-del-bene-comune.it

Wipptal / Eisacktal

*

AUF DEM KRÖNUNGSWEG

*

Seit Jahrhunderten ist der Brennerpass die wichtigste Verbindung zwischen Mitteleuropa und Italien. Während die Berghänge im Wipp- und Eisacktal mit Apfelplantagen und Weinreben bewachsen sind, reihen sich entlang der Autobahn so mächtige Orte wie die Bischofsstadt Brixen oder die Fuggerstadt Sterzing.

Laubengänge und verwinkelte Gassen, schmucke Bürgerhäuser mit Erkern und Zinnen – Brixen ist die älteste Stadt Südtirols. Hier machten Kaiser Station, residierten Bischöfe.

Unter dem Label „Roter Hahn" werden seit zwanzig Jahren Ferienbauernhöfe vermarktet – wie der Oberhauserhof über Feldthurns.

Jörgl Oberhofer sitzt in seiner Werkstatt, summt das Jennerweinlied und schnitzt am Motiv eines röhrenden Hirschen. Die Schnalle aus Hirschhorn soll irgendwann den Querriegel an einem Paar Lederhosenträger zieren. Als Zehnjähriger hat Jörgl bereits sein erstes Reh geschossen und mit seinem kleinen Bruder selbstständig eine Almhütte bewirtschaftet. Die Versorgung der Kühe dort gehörte auch zu ihren Aufgaben – mehr als sechzig Jahre ist das her. „Wir waren dreizehn Kinder daheim. Damit die ganze Familie überleben konnte, mussten alle mitarbeiten", erzählt Georg Oberhofer, den sie hier den Jörgl vom Glangerhof nennen. Der über 600 Jahre alte Hof liegt im Eisacktal oberhalb von Feldthurns, einer Hochburg des Törggelens. Jedes Jahr im Herbst, wenn Wein und Esskastanien geerntet sind, pilgern die Wanderer in Scharen hierher, auch um im Glangerhof von der leckeren hausgemachten Hirschwurst zu probieren. Dabei erinnert sich Jörgl noch gut an Zeiten, in denen die Menschen Hunger litten und der Tierbestand in den Wäldern Eigentum der Grafen und Bischöfe war. Als Wilderer ist er früher selbst losgezogen, damit die Familie zu essen hatte. Die Knochen von Gams oder Reh wurden geschreddert an die Hühner verfüttert, damit niemand dahinterkam. Als er

Special

Südtiroler Äpfel

Ein Fest mit Biss

Das alpin-mediterrane Wechselklima lässt in Südtirol eine Vielzahl leckerer Apfelsorten reifen. Klein, aber fein ist das Anbaugebiet auf dem Hochplateau von Natz-Schabs.

Egal ob rot, grün oder gelb – Äpfel sind wahre Vitaminbomben. Und jeder zehnte Apfel in Europa stammt heutzutage aus Südtirol, woran die Region Natz-Schabs einen beträchtlichen Anteil hat. In den dortigen Obstwiesen stehen mehr als 900 000 Bäume, die pro Jahr durchschnittlich 12 000 Tonnen Ertrag liefern. Spitzenreiter unter den dreizehn Sorten ist hier auf dem Hochplateau der Golden Delicious, der mit über achtzig Prozent den Markt bestimmt.

Genügend Äpfel sind also vorhanden, wenn alljährlich im Oktober zum Erntedank eine riesige Apfelkrone aus 3000 Früchten gebaut wird. Höhe- und Schlusspunkt der „Sunnseitn-Apfelwoche" ist am Sonntag das Apfelfest in Natz, mit besagter Apfelkrone, einer frisch gekrönten Apfelkönigin und vielerlei Schmankerln rund um den Apfel. Die Apfelbauern von Natz-Schabs bieten dabei auch geführte Spaziergänge in ihr Anbaugebiet an. Danach weiß man alles rund um den Apfel und kann erst mal kraftvoll hineinbeißen. Schließlich lautet ein Sprichwort nicht ohne Grund: Ein Apfel am Tag, und du hast mit dem Arzt keine Plag.

Apfelkrone beim Festumzug in Natz

Villanders mit seinem schmucken Dorfkern um die Pfarrkirche St. Stephan ist eines der Törggelenzentren.

Das Brot zur Kaminwurzen im Buschenschank des Oberparteggerhofs in Villanders backt die Familie Kainzwalder selbst.

Frisch inthronisiert: die Apfelkönigin von Natz-Schabs. Brauchtum und Tracht (oben links) stehen beim Apfelfest hoch im Kurs.

Die Johanneskapelle in Villnöß – bzw. St. Johann in Ranui – steht auf 1352 Meter Höhe vor der malerischen Kulisse der Geislerspitzen.

Zur Wallfahrtskapelle beim Latzfonser Kreuz auf 2300 Meter Höhe gehört eine eigene Schutzhütte.

»ES GAB ZEITEN, DA HAT MAN GEWILDERT, UM ZU ÜBERLEBEN. EINE GAMS WAR WERTVOLLER ALS EIN MENSCH.«

in den 1980er-Jahren vom Revierförster auf frischer Tat ertappt und angeschossen wurde, war ihm das Wildern längst zur Passion geworden. „Ich hatte Glück, dass ich nicht verblutet bin und sie mein Bein wieder zusammennageln konnten", sagt er. Längst hat der einstige Wilderer eine Jagdlizenz und musste kürzlich sogar Strafe zahlen, weil er zu wenig Wild geschossen hatte. Heutzutage soll eine vorgegebene Abschussquote den Tierbestand regulieren – absurde Welt.

CLUB DER WILDERER

Eine schwere, eisenbeschlagene Holztür führt zum alten Gewölbekeller des Glangerhofs, wo Jörgl ein kleines Wilderermuseum eingerichtet hat. Geweihe, Gewehre und Schützenscheiben finden sich an der Wand, auch ein Wildererschild mit der Aufschrift: „Es gab Zeiten, da hat man gewildert, um zu überleben. Wilderer waren bei den einfachen Leuten hoch angesehen, weil sie das Volk mit Fleisch versorgten. Eine Gams war wertvoller als ein Mensch." Oben in der Wirtsstube treffen sich im Herbst jeden ersten Dienstag im Monat etwa zwanzig Gefolgsleute abends zum Wildererstammtisch. Dann wird gemeinsam das Lied vom Wildschütz Jennerwein angestimmt, Jörgl begleitet auf der Ziehharmonika, und oft gibt auch der Gemeindepfarrer zu allem seinen Segen.

Das mittelalterliche Städtchen Klausen hat Albrecht Dürer 1494 in seinem Stich „Das große Glück" verewigt.

Brixens spätgotische Pfarrkirche St. Michael mit dem „Weißen Turm" steht in unmittelbarer Nachbarschaft …

… zum barocken Dom mit den ausdrucksstarken Deckenfresken des Tiroler Malers Paul Troger.

Ganz oben: Der ehemalige Sternekoch Hansi Baumgartner sattelte in Vahrn bei Brixen auf das Veredeln von Käse um. Als perfekten Reiferaum nutzt er einen ehemaligen Bunker aus dem Zweiten Weltkrieg.

In Brixens Altstadtgassen machen viele kleine, inhabergeführte Läden den Einkaufsbummel zum Erlebnis.

DICKHÄUTER AUF REISEN

Dass röhrende Hirsche in der Region viele Hausfassaden zieren, mag nicht ungewöhnlich sein, aber ein Elefant? In Brixen staunte man 1551 nicht schlecht, als ein ausgewachsener Elefant namens Soliman auf seiner Reise nach Wien in der Stadt Rast machte. Das Geschenk des portugiesischen Königshauses an Erzherzog Maximilian von Österreich war die Sensation, und die Menschen standen Spalier, um das exotische Tier zu Gesicht zu bekommen. Für den örtlichen Gasthof, der den Dickhäuter samt Gefolge zwei Wochen lang beherbergte, ehe sie nach Norden weiterzogen, war Soliman ein echter Glücksfall. Schon bald gab der damalige Wirt Andrä Posch seiner Herberge den Namen „Zum Hellephant" und ließ das Ereignis auch im Bild festhalten. Bis heute bleiben Besucher vor dem Hotel Elephant in der Weißlahnstraße stehen, um das große Fresko zu bestaunen, das den Aufmarsch von Elefant und Treibern zeigt.

RÜSSELPFERD UND WILDER MANN

Wussten die Freskenmaler der Herberge bereits aus eigener Anschauung, wie ein echter Elefant aussieht, kann man sich im Kreuzgang des Doms über die Darstellung eines Rüsselpferds amüsieren. Statt eines Elefanten schuf der unwissende Künstler ein Fabelwesen, das einem schlanken Pferd ähnelt, bloß eben mit Elefantenrüssel und großen Ohren. Die bunte Bildergalerie aus Engeln, Teufeln, Heiligen, Tugenden und Lastern in den Arkadengängen fällt insgesamt recht unterhaltsam aus, dienten die zwischen 1390 und 1510 entstandenen Darstellungen doch vor allem dem Zweck, eine Art Armenbibel zu sein. Denn im Mittelalter konnten nur wenige Menschen lesen und schreiben. Vielleicht rührt von daher auch der felsenfeste Glaube vieler Eisacktaler, dass allein schon der Anblick eines Kirchturms Glück bringt. Vom Berghang des Dorfes Spinges aus überblickt man das gesamte Eisacktal und damit nicht weniger als 24 Kirchtürme. Die Chance auf noch mehr Glückseligkeit hat man allenfalls auf der noch höher gelegenen Plose.

Wem das alles nicht kurios genug ist, der stattet am besten den Kreaturen im Brixner Pharmaziemuseum einen Besuch ab, wo es den Kopf eines Gürteltiers, ein Stück einer ägyptischen Mumie oder auch ein Krokodil zu bestaunen gibt. Exotische Lockobjekte wie diese schmückten 1787 die Decke des Apothekenverkaufsraums und sollten, einer Wunderkammer gleich, die Neugier der Kundschaft wecken. Ganz schön schräg, dieses Brixen, denn auch die Lauben der

DEN MÄCHTIGEN FÜRSTBISCHÖFEN VON BRIXEN KAM DIE AUFGABE ZU, DEN KRÖNUNGSWEG NACH ROM ZU SICHERN.

Bei der Sagra dei Canederli, dem Knödelfest am zweiten Sonntag im September, werden in Sterzings Fußgängerzone an einer 400 Meter langen Tafel Knödel in rund siebzig Variationen serviert, von salzig bis süß. Diverse Volksmusikensembles sorgen für Tischmusik.

Der Zwölferturm aus dem 15. Jahrhundert, Sterzings Wahrzeichen, ist mit 46 Metern das höchste Bauwerk der Stadt. Bestiegen werden kann er über enge, steile Treppen – während des Weihnachtsmarkts und beim Knödelfest.

Das 1894 erbaute Becherhaus auf 3195 Meter Höhe, am Rand des Übeltalferners, ist Südtirols höchstgelegene Schutzhütte. Das einzigartige Panorama muss man sich erarbeiten: Von Ridnaun aus steigt man sieben Stunden auf.

Altstadt werden von einer dreiköpfigen Skulptur bewacht. Damit dem sogenannten „wilden Mann" an der Gasthausfassade des Schwarzen Adlers auch nichts entgeht, hat er gleich drei Köpfe und scheint so etwas wie die Vorform heutiger Überwachungskameras zu sein.

DER ANDACHTSJODLER

Sicherheit war schon im Mittelalter ein wichtiges Thema. Den mächtigen Fürstbischöfen von Brixen kam die Aufgabe zu, den Krönungsweg nach Rom zu sichern. Mehr als sechzig deutsche Kaiser waren all die Jahre mit Gefolge über den Brenner gezogen, der mit 1375 Metern der niedrigste und deshalb bis heute bequemste Übergang über die Alpen ist. In Gossensaß galt es seinerzeit, Rast zu machen und vor der extremen Steilstrecke die Rösser zu wechseln. Ende des 19. Jahrhunderts kam dann die Eisenbahn und bescherte dem Kurort bald Nobeltouristen und Grandhotels, doch als nach dem Ersten Weltkrieg der Brennerübergang zur Staatsgrenze wurde, blieben die Besucher weg. Erst mit dem Bau der Autobahn gewann der Ort wieder an Bedeutung, wenn auch nur als Station auf der Durchreise.

Recht weit mag da so mancher nicht kommen, lohnt doch schon die Fuggerstadt Sterzing einen Abstecher. Bürgerhäuser mit reich geschmückten Fassaden und Lauben mit eleganten Geschäften zeugen noch heute von der wohlhabenden Vergangenheit als Handels- und Bergwerksstadt. Magisch ist die Atmosphäre des Ortes besonders an Weihnachten. In der Pfarrkirche Maria im Moos, die etwas außerhalb am südlichen Stadtrand steht, erklingt dann um Mitternacht der berühmte Andachtsjodler. Er wurde in Sterzing „erfunden", in der Christmesse 1833 erstmals zu Gehör gebracht und wird dort noch immer jedes Jahr an Weihnachten gesungen. Der Jodler ist längst weltbekannt – vielleicht weil er ganz ohne Worte auskommt und man sich die innige Melodie so gut merken kann: „Djo, djo-i-ri ..."

Törggelen am Ursprung

ZU GAST BEI HOF

Wenn die Bauern im Eisacktal im Herbst Trauben keltern und Esskastanien ernten, beginnt die traditionelle Zeit des Törggelens. Dann wird entlang des „Keschtnwegs" von Hof zu Hof gewandert, um die leckeren hausgemachten Produkte zu kosten.

Rustikal, bodenständig und gesellig – Buschenschänken sind bei Einheimischen wie Gästen gleichermaßen beliebt.

Das Laub raschelt schon unter den Füßen, die Sonne streut ihr goldenes Licht durch die Zweige. Herbstzeit ist Törggelenzeit in Südtirol. Die Ernte ist eingebracht, die Trauben sind gekeltert, der Speck ist abgehangen – jetzt wird gefeiert. Erntehelfer und Nachbarn wurden dann schon immer mit deftigem Essen und neuem, noch süßem Wein versorgt, dem „Siaßer". Inzwischen ist der alte Südtiroler Brauch des Törggelens weit über die Landesgrenzen hinaus bekannt, und viele Urlauber kommen dafür von weit her angereist. „Sogar im Pustertal bieten sie jetzt Törggelen an. Dabei wächst dort gar kein Wein. Viel zu kalt", ärgert sich Sepp Kainzwaldner vom Oberparteggerhof am Villanderer Sonnenberg. Als traditionell gilt das Törggelen nur in den Regionen, wo auch wirklich Wein und Kastanien wachsen. So wie im Eisacktal.

DEFTIGE HAUSMANNSKOST

Ein Buschenstrauß mit roter Schleife signalisiert schon über der Hoftür: Ab sofort wird neuer Wein ausgeschenkt. Davon leitet sich das Wort Buschenschank ab, erklärt Sepp Kainzwaldner, denn Schankbetriebe wie der seine sind nur an 180 Tagen im Jahr geöffnet. Die deftige Hausmannskost, die hier aufgetischt wird, hat es den Gästen angetan, vor allem Schlachtplatten mit Surfleisch, Schweinsrippen, diverse Würste, Schlutzkrapfen, Sauerkraut und Knödel. Fast alles wird in Eigenregie hergestellt.

„Wir schlachten noch selber. Das macht den Gang in den Schweinehimmel für die Tiere weniger stressig, was man dem Speck auch anmerkt", sagt Kainzwaldner, dessen Hof schon seit 1787 in Familienbesitz ist. Und natürlich stammt auch der Wein aus eigenem Anbau. Sogar nach Champagnermethode gereifter Sekt kommt zum Ausschank.

AUF DEM KESCHTNWEG

Der Begriff *törggelen* leitet sich von der Weinpresse ab, der sogenannten Torggl, die früher noch von Hand gedreht werden musste. Besonders im Gebiet von Feldthurns, Villanders und Lajen findet man viele der beliebten Törggelestuben. Parallel zur Brennerautobahn schlängelt sich auf halber Hanghöhe zwischen Brixen und Bozen auch der 63 Kilometer lange

Vielerorts werden die Esskastanien über dem offenen Feuer geröstet.

Typisch: Holzgetäfelte Bauernstube, Hausmacherspeck, Käse und Keschtn im Buchnerhof in Lajen.

Eisacktaler Kastanienweg entlang, der sogenannte Keschtnweg. Vom Mittelalter bis Ende des 19. Jahrhunderts waren Esskastanien in den Bergregionen das Hauptnahrungsmittel der Landbevölkerung. Als glutenfreier Getreideersatz sind sie heute wieder recht begehrt, nicht nur zum Rösten über dem Feuer. Klar, dass die Bauern es da nicht gern sehen, wenn Touristen auf ihren Herbstwanderungen tütenweise Esskastanien sammeln. Schließlich will man ihnen die schmackhaften Maroni lieber als leckere Suppen, Pürees oder süße Nachspeisen servieren.

Bodenständige Genüsse

Törggelensaison ist von Anfang Oktober bis in die Vorweihnachtszeit.

Eine Wanderung auf dem Keschtnweg ist nicht nur im Herbst lohnend, zur Törggelenzeit aber besonders beliebt.
www.eisacktal.net/aktivurlaub/wandern/keschtnweg/

Zum Südtiroler Bauernbund „Roter Hahn" gehören 1600 authentisch geführte Höfe, von denen viele, wie der Oberparteggerhof, auch das traditionelle Törggelen anbieten. In der „Roter Hahn Kochschule" geben Bäuerinnen und Bauern ihr seit Generationen überliefertes Wissen über Produkte und Rezepte weiter.

www.roterhahn.it

Maßstab 1:200.000
0 2 4km
Naturpark
Zillertaler
Alpen
Brennero
Brenner
Brennerpass
Passo del Brennero
Val di Vizze
Pfitsch
Hochfeiler
Gran Pilastro
Vipiteno
Sterzing
Racines
Ratschings
Passo di Monte Giovo
Jaufenpass
Passo di Pennes
Penser Joch
Campo di Trens
Freienfeld
Mules
Mauls
Fortezza
Franzensfeste
Rio di Pusteria
Mühlbach
Rodengo
Rodeneck
Vandoies
Vintl
Varna
Vahrn
Novacella
Neustift
Bressanone
Brixen
Monti Sarentini
Val di Pennes
Valle Isarco
Eisacktal
Velturno
Feldthurns
Funes
Villnöß
Chiusa
Klausen
Sarentino
Sarnthein
Sarntaler Alpen
Barbiano
Barbian
Laion
Lajen
Ponte Gardena
Waidbruck
Ortisei
St. Ulrich in Gröden
Urtijëi
Castelrotto
Kastelruth
Renon
Ritten
Siusi
Seis
1
2
3
4
5

VON KAISERN UND KASTANIEN

Auch wenn sich die Brennerautobahn tief durch das Wipp- und Eisacktal gräbt, ist es an den sonnigen Berghängen angenehm ruhig. Die ehemalige Bischofsstadt Brixen beeindruckt mit ihrem Dombezirk, im Herbst zieht es viele nach Feldthurns zum Törggelen.

1 Gossensaß

Der **Brenner** ist mit 1374 m der niedrigste und kommodeste Alpenpass. Durch den kleinen Ort Gossensaß (1150 Einw.) zogen daher schon im Mittelalter Kaiser und Könige. Die Eisenbahn brachte Ende des 19. Jh. erste Nobeltouristen in die Grandhotels des Kurorts.

SEHENSWERT
Von der mondänen Zeit ist nicht viel geblieben, aber im Rathaus ist **Henrik Ibsen** (1828–1906) eine kleine Ausstellung gewidmet (Ibsenplatz, Mo.–Fr. 7.45–12.45, Mi. auch 14.30–17.45 Uhr). Seine Erholungsaufenthalte in Gossensaß inspirierten den norwegischen Schriftsteller zum Stück „Hedda Gabler".

ERLEBEN
Westl. von Gossensaß geht es ins **Pflerschtal,** wo noch bis 1818 Silber- und Bleibergwerke für Wohlstand in der Region sorgten. Pflersch ist Ausgangspunkt für Wanderungen, z. B. zur **Hölle**, einem Wasserfall, der bei den Hintersteiner Höfen 50 m in die Tiefe stürzt.

Tipp

Shoppen am Brenner

Europas höchstgelegenes Outlet-Center am Brenner ist ein Mekka für Schnäppchenjäger – architektonisch allerdings ein Graus. Mehr als 70 Markenshops, darunter Outdoorhersteller wie Schöffel, Jack Wolfskin, Adidas und Modefirmen wie Calvin Klein, Liebeskind oder Luis Trenker, bieten Nachlässe von bis zu 70 Prozent. Für die Shoppingpause gibt es Restaurants und Cafés.

Tgl. 10.00–19.00 Uhr; St. Valentinstr. 9 a, Brenner, www.outletcenterbrenner.com

Schloss Wolfsthurn bei Mareit. Übeltalsee und Teplitzer Hütte über dem Ridnauntal.

UNTERKUNFT
Am Ende des Pflerschtals verbindet das Familienresort **€€€€ Feuerstein** (Pflersch 185, Brenner, Tel. +39 0472 77 01 26, www.feuerstein.info) modernes Design und Gourmetküche mit Entspannung in ruhiger Natur.

INFORMATION
Tourismusverein Gossensaß, Ibsenplatz 2, I-39041 Gossensaß, Tel. +39 0472 63 23 72, www.gossensass.org

2 Sterzing

Das kleine Sterzing (7060 Einw.) bezaubert mit seinem mittelalterlichen Stadtbild: prächtige Lauben, Bürger-, Handwerker- und Wirtshäuser samt kunstvoll geschmiedeten Hausschildern.

SEHENSWERT
Wahrzeichen Sterzings ist der **Zwölferturm** (1486) am Ende der Altstadt. Unweit davon befindet sich der **Ansitz Jöchlsthurn** (15. Jh.), ein ehemaliger Stadtturm, der einst Wohnsitz einer durch den Bergbau reich gewordenen Familie und später Gerichtsgebäude war. Im barocken Ostflügel des ehem. Deutschordenshauses am südl. Stadtrand ist das **Multschermuseum** untergebracht. Hauptsehenswürdigkeit sind die Tafelbilder des von Hans Multscher geschaffenen Sterzinger Flügelaltars (1456), der früher in der Pfarrkirche Maria im Moos gleich nebenan stand (Deutschhausstr. 11, Mai bis Juni, Sept.–Okt. Do.–Sa. 10.00–12.30, 14.00 bis 17.00 Uhr, Juli/Aug. auch Di. u. Mi.).

ERLEBEN
Das **Becherhaus**, Südtirols höchstgelegene Schutzhütte, bietet 100 Schlafplätze in 3195 m Höhe. Der Aufstieg, Königstour für geübte Wanderer, beginnt in Maiern im Talschluss des Ridnauntals (ca. 7 Std., www.becherhaus.it).

UMGEBUNG
Jeden Tag könnte man in **Schloss Wolfsthurn** (1730) aus einem anderen Fenster blicken, denn es sind genau 365. Das einzige Barockschloss Südtirols, oberhalb von Mareit (7,5 km westl.) im Ridnauntal, beherbergt das Landesmuseum für Jagd und Fischerei (Kirchdorf 25, Ratschings/Mareit, www.wolfsthurn.it; Mitte April–Mitte Nov. Di.–Sa. 10.00–17.00, So. ab 13.00 Uhr).

Am Ende des Ridnauntals erhebt sich der **Schneeberg** (2355 m), der mit Silber, Blei, Kupfer und Zink für Sterzings Reichtum sorgte. Nach Abbauende 1979 wurde das Bergbaumuseum Schneeberg mit Schaustollen eingerichtet (www.bergbaumuseum.it; Mitte Juni–Mitte Okt. Di.–So. 10.00–17.00 Uhr).

INFORMATION
Tourismusverein Sterzing, Stadtplatz 3, I-39049 Sterzing, Tel. +39 0472 76 53 25, www.sterzing.com

3 Brixen

Der deutsche Kaiser Konrad II. übertrug 1027 dem Brixner Bischof die Grafschaften an Inn und Eisack, im Gegenzug erbat er bischöflichen Schutz auf seinem Krönungsweg nach Rom. In Brixen (22 700 Einw.) entstand ein mächtiges Domviertel, an das die Altstadt mit ihren verwinkelten Gassen und Laubengängen anschließt. Aufsehen erregte 1551 die Durchreise des Elefanten Soliman.

SEHENSWERT
Im markanten doppeltürmigen **Dom Maria Himmelfahrt** (tgl. 6.30–18.00, Führung Di., Do. 15.00 Uhr, Anmldg. Tel. +39 0472 83 05 05) kommt die geistliche Macht zum Ausdruck. Der imposante Innenraum leuchtet in 33 Marmorarten, die Fresken schuf Paul Troger (1750). Im Kreuzgang (1390–1510) finden sich Szenen der sog. Armenbibel, in der 3. Arkade das kuriose Rüsselpferd. In der angrenzenden **Fürstbischöflichen Burg** zeigt das Diözesanmuseum Domschatz und religiöse Kunst vom Mittelalter bis zur Neuzeit (www.hofburg.it; Okt.–Mai tgl. 10.00–17.00, Juni–Sept. bis 18.30 Uhr). Eine kleine Wunderkammer mit mumifizierten Tieren sowie 400 Jahre Arzneikunde birgt das **Pharmaziemuseum** (Adlerbrückengasse 4, www.pharmaziemuseum.it; Juli/Aug. Mo.–Fr. 14.00–18.00, Sa. 11.00–16.00 Uhr, sonst Di., Mi., Sa.).

Tipp

Festung ohne Feinde

Um den Brennerpass vor Angreifern zu schützen, bauten die Habsburger 1833 bis 1839 eine Talsperre, an der kein Heer vorbeikommen sollte: die Franzensfeste. Doch dann blieben die Feinde aus. Gegen Ende des Zweiten Weltkriegs lagerten hier 127,5 Tonnen Goldreserven der Banca d'Italia, die sich in den Wirren der letzten Kriegstage in Luft auflösten. Heute ist die größte Festungsanlage des Landes ein Museum (auch mit Ausstellungen moderner Kunst).

Brennerstraße, I-39045 Franzensfeste, www.franzensfeste.info; Mai–Okt. Di. bis So. 10.00–18.00, März, April, Nov. bis 16.00 Uhr, Führungen Mai–Okt. tgl. 11.00, 15.00 Uhr

Wallfahrtskapelle beim Latzfonser Kreuz. Klausen: Kloster Säben. Lajen: Buchnerhof mit Buschenschank.

UNTERKUNFT/RESTAURANTS
Zum Traditionshaus **€€€/€€€€ Elephant** (Weißlahnstr. 4, Tel. +39 0472 83 27 50, www.hotelelephant.com) gehört ein großer Garten mit Pool. In der Apostelstube (1 Michelin-Stern) speist man im Art-déco-Stil der 1920er-Jahre. Das Fresko an der Hausfassade erinnert daran, dass hier 1551 der Elefant Soliman logierte. Das Designhotel **€€€ Soley** (Altenmarktgasse 36, www.soley-suites.com) steckt in prämierter Architektur aus einem minimalistischen weißen Quader, dessen drei Etagen gegeneinander verschoben sind; Adults only. **€€€€ Forestis:** s. S. 23.
Beim **€€€ Finsterwirt** (Domgasse 3, Tel. +39 0472 83 53 43, www.finsterwirt.com; So., Mo. geschl.) genießt man feine Südtiroler Slow-Food-Küche in 300 Jahre alten Stuben, im Sommer auch im Innenhof unter schattigem Weinlaub.

UMGEBUNG
Im **Kloster Neustift** (1142; 3 km nördl.) gibt es klerikale Kunst- und Kulturschätze geballt auf kleinstem Raum zu sehen: eine Barockkirche mit einem Himmel voller Engel, eine Rokokobibliothek wie eine Kathedrale für 92 000 Bücher, eine Pinakothek. Und für besten Wein ist auch gesorgt, denn die Augustiner-Chorherren sind fantastische Winzer (Stiftstr. 1, Vahrn, Tel. +39 0472 83 61 89, www.kloster-neustift.it; Mo.–Sa. 10.00–17.00, Führungen Mo., Fr. 11.00, 14.30, Weinbergbesichtigung und Verkostung Mo.–Fr. 16.00, Sa. 14.30 Uhr).
Natz-Schabs (7 km nördl., www.natz-schabs.info) feiert alljährlich im Okt. sein Apfelfest.

INFORMATION
Brixen Tourismus, Regensburger Allee 9, I-39042 Brixen, Tel. +39 0472 27 52 52, www.brixen.org

4 Feldthurns

Der ruhige Erholungsort zwischen Klausen und Brixen liegt auf einer Bergterrasse oberhalb des Eisacktals, der Ursprungsregion des **Törggelens** TOPZIEL (s. S. 72). Ihr Markenzeichen sind 3300 Edelkastanienbäume, und so liegt auch Feldthurns (3050 Einw.) am 63 km langen Keschtnweg von Brixen nach Bozen (mit einer Kastanie gekennzeichnet).

SEHENSWERT
Schloss Velthurns (1580) war bis 1803 die Sommerresidenz der Brixner Bischöfe. Die Intarsienarbeiten der Innenräume, etwa im Fürstenzimmer, spiegeln auch die hohe Kunst der einheimischen Schreiner wider (Dorf 1, www.schlossvelthurns.it; Führungen April–Anf. Nov. Mi.–So. 10.00–17.00 Uhr).
Der **Glangerhof** oberhalb von Feldthurns von Familie Oberhofer ist nicht nur eine beliebte Adresse für Törggelengäste. Jörgl Oberhofer führt auch durch sein Wilderermuseum. Die Hirsche für die Hirschwurst erlegt er heute legal und schnitzt aus dem Geweih Zierschnallen und Anstecker. Außerdem trifft sich bei ihm der Wildererstammtisch (Glangerhof 37, Tel. +39 320 3 26 11 24, www.glangerhof.com).

UNTERKUNFT
Im ehemaligen Stadel des **€€ Dietrichhofs** (Stilumserstr. 4, mobil +39 328 2 22 11 14, https://dietrichhof.com) sind vier hochwertige Pavillons aus Stroh, Holz und Lehm entstanden. Der **€ Oberhauserhof** (Schnauders 83, mobil +39 349 7 42 25 16, www.oberhauserhof.com) bietet drei moderne Ferienwohnungen mit fantastischem Blick auf die Geislerspitzen.

INFORMATION
Tourist Info Feldthurns, Silvius-Magnago-Platz 3, I-39040 Feldthurns, Tel. +39 0472 85 52 90, www.feldthurns.com

5 Klausen

Das Künstlerstädtchen (5200 Einw.) wurde von Albrecht Dürer auf seiner ersten Italienreise 1494 in Kupfer gestochen. Könige, Päpste, Dichter und Maler hinterließen ihre Spuren in Form von sakralen und profanen Kunstwerken, Kirchen, Klöstern, Schlössern und Ansitzen.

SEHENSWERT
Wer auf den Heiligen Berg will, muss zu Fuß hinauf (30 Min. vom Tinneplatz). **Kloster Säben,** die Akropolis von Tirol, thront 200 m über dem Ort. Schon in rätischer und römischer Zeit soll sich hier ein Heiligtum befunden haben. Vor dem Umzug nach Brixen 990 war der Ort Sitz des Bistums. Innenräume des Klosters sind nicht zu besichtigen. Hl.-Kreuz-Kirche, Klosterkirche sowie Gnadenkapelle sind ganztägig geöffnet, Besichtigung der Liebfrauenkirche über Anmeldung beim Tourismusbüro Klausen (info@klausen.it, Tel. +39 0472 84 74 24). Nach Leerstand sind seit 2024 Zisterziensermönche die neuen Hausherren vom Kloster.

UNTERKUNFT/RESTAURANTS
Der **€€/€€€ Ansitz zum Steinbock** (F.-v.-Defreggergasse 14, Villanders, www.ansitzsteinbock.com), außen eine Trutzburg, ist innen ein feines Gasthaus mit alten Stuben. Der Blick von der Terrasse über die Sarntaler Alpen und ins Eisacktal ist grandios. Der Buschenschank **€ Oberpartegger** (Unter St. Stefan 7, Villanders, www.beimpartegger.com; März–Mai, Sept.–Dez., Di.–So., reservieren!) ist zum Törggelen sehr beliebt. Alle Produkte stammen vom Hof der Familie Kainzwaldner.

UMGEBUNG
Vom Weiler **Latzfons** (7 km nördl.) führt eine 3-Std.-Wanderung zum Latzfonser Kreuz, dem höchstgelegenen Wallfahrtsort Europas (2305 m). Der Aufstieg lohnt schon wegen der Aussicht (Schutzhütte mit Schlafplätzen). **Villanders** (5 km südl.) ist Ausgangspunkt zum Wandern. Im Mineralienmuseum von **Teis** (10 km nordöstl.) gibt es die Teiser Steinkugeln zu bestaunen (www.mineralienmuseum-teis.it; s. S. 120).

INFORMATION
Tourismusverein Klausen, Marktplatz 1, I-39043 Klausen, Tel. +39 0472 84 74 24, www.klausen.it

WILDE WASSER

Ein Zischen, Rauschen, Sprudeln und Schäumen ist zu vernehmen, wenn der Wanderer sich der „Kirche“ nähert – so heißt der riesige Felsentrichter in der Gilfenklamm, in dem das Wasser des Ratschingser Baches senkrecht in die Tiefe stürzt. Wer auf der darüber hinwegführenden Brücke nah an dem 15 Meter hohen Wasserfall steht, kann den sanften Sprühnebel auf der Haut spüren und genießen wie eine kostenlose Wellnessbehandlung. Die feine Gischt betört nicht nur die Sinne, sondern soll sich auch positiv auf die Atemwege auswirken.

Das Licht einfallender Sonnenstrahlen wird durch die Wassertröpfchen in den schönsten Regenbogenfarben gebrochen. Vor allem im Frühsommer, zur Zeit der Schneeschmelze bietet sich dieses großartige Naturschauspiel. Aber damit nicht genug. Die Gilfenklamm ist zudem die einzige Klamm Europas, die sich ihren Weg durch weißen Marmor bahnt, auch wenn das Gestein durch jahrhundertelange Verwitterung heute an den meisten Stellen eher in Grün- und Grautönen schimmert.

Über hölzerne Stege, Brücken, Aussichtskanzeln und eine Felsgalerie wurde die Klamm bereits 1896 sicher erschlossen, als sie noch den Namen „Kaiser-Franz-Josefs-Klamm“ trug. Das geschützte Naturdenkmal schlängelt sich von Jaufensteg über 2,5 Kilometer nach Stange hinunter. Schluchtenwanderer wählen meist die umgekehrte Richtung, dann erwartet sie zur Einkehr ein Gasthof mit Sonnenterrasse.

Die Klamm ist für Wanderer sicher erschlossen.

Wanderweg Gilfenklamm: Vom Dorf Stange (5 km westl. von Sterzing) zum Mauthäuschen und durch die Klamm 220 Höhenmeter hinauf zum Gasthof Jaufensteg (www.jaufensteg.com). Der Weg ist gut gesichert und auch für Familien geeignet. An festes Schuhwerk und Regenschutz denken!

Gehzeit: aufwärts 1 Std., abwärts 45 Min.

Öffnungszeiten: Mai–Anf. Nov. 9.00–17.00, Juli/Aug. bis 18.00 Uhr

Eintritt: Erwachsene 8,00 €, Kinder 5,00 €

www.ratschings.info

Bozen und der Süden

*

WELTSTÄDTCHEN MIT WEINDÖRFERN

*

Die Landeshauptstadt Bozen fasziniert mit deutsch-italienischem Kulturmix. Ob Kunst, Architektur, Kulinarik oder Sprache – hier kann sich jeder aus beiden Lebensarten das Beste aussuchen. An heißen Sommertagen ziehen sich die Städter dennoch gern auf den Ritten zurück oder in die Weindörfer des Unterlands.

Am Tschögglberg, 800 Meter über Bozen, kann man Ruhe und Kraft tanken. Auf der Terrasse des Hotels Belvedere liegt einem am Ende eines erlebnisreichen Urlaubstags die Welt zu Füßen.

Acht Seligkeiten braucht ein Bozner, um glücklich zu sein. Seit Karl Theodor Hoeniger 1933 ein Gedicht darüber verfasst hat, kann hier fast jeder die Glückseligkeiten auswendig aufsagen. Neben einem Haus unter den Lauben, einem Weingut in Gries, einer Loge im Stadttheater, einem eigenen Kirchenstuhl, einem Familiengrab in bevorzugter Lage, der Ehe mit einer Boznerin und so viel Wäsche, dass man nur alle paar Monate waschen muss, gehört auch ein Sommerfrischehaus am Ritten dazu. Im Sommer ist Bozen eine der heißesten Städte Italiens – und im Winter eine der kältesten. Die Porphyrplatten, auf denen der Bozner Kessel samt Weinbergen gründet, wirken je nach Saison als Kälte- oder Wärmespeicher. Schon zu

EIN SOMMERHAUS AM RITTEN GEHÖRT ZU DEN ACHT BOZNER SELIGKEITEN.

Beginn des 17. Jahrhunderts nutzten reiche Kaufleute und Adelsfamilien deshalb den Hausberg über ihrer Stadt für einen kühleren Sommeraufenthalt. An Peter und Paul (29. Juni) wurden Hausrat und Wäsche für 72 Tage in Korbtruhen gepackt und zusammen mit Frauen und Kindern per Pferd oder Esel auf den Ritten gebracht. Die Männer kamen jeweils am Wochenende nach.

ALPINER JUGENDSTIL

Zahlreiche Villen, vor allem im Oberbozner Ortsteil Maria Himmelfahrt, verbreiten mit ihrer Holzarchitektur im Stil der Gründerzeit bis heute den gepflegten Charme längst vergangener Zeiten.

So auch das 1908 eröffnete Parkhotel Holzner, in dem noch fast alles Mobiliar aus der Originalzeit des Jugendstils stammt. „Silberbestecke und Lampen sind heute genauso im Einsatz wie damals. Im Speisesaal stehen fast zweihundert Original-Thonet-Stühle, und jeder, vom Greis bis zum Kleinkind, darf darauf sitzen“, erklärt Wolfgang Holzner,

Höfische Szenen wie die Ball spielenden Damen gehören zum Freskenzyklus auf Schloss Runkelstein (oben). Bizarr wirken die Rittner Erdpyramiden (unten).

Während sich Bozen in seinen Talkessel schmiegt, …

… genießt man am „Runden Tisch" beim Rittner Horn einen 360-Grad-Ausblick auf 2045 Meter Höhe. Hin geht es mit der Kabinenbahn von Pemmern zur Schwarzseespitze und über den Panoramaweg.

Vom gotischen Glockenturm des Doms Maria Himmelfahrt (rechts) blickt man auf Bozens Waltherplatz hinab und auf alle Feste und Feierlichkeiten, die in der guten Stube der Stadt über die Bühne gehen. Etwa wenn, wie hier, die Fanfaren- und Fahnenschwingergruppe aus Fornovo di Taro Südtirols Landeshauptstadt einen Besuch abstattet.

Viele kleine Läden und Boutiquen kennzeichnen die Laubengasse (unten). Zur Shoppingpause laden Cafés wie die Konditorei Peter am Obstmarkt ein (ganz unten).

Die Fahnenschwinger aus der Emilia-Romagna sind als Begleitprogramm eines Oldtimertreffens an den Waltherplatz geladen.

Die Bischöfe von Trient ließen die Lauben vor 800 Jahren als Straßenmarkt errichten. Heute sind sie die schickste Einkaufsmeile der Stadt.

WEGEN DES MEDITERRANEN KLIMAS ZIEHT ES DIE BOZNER GERN INS FREIE.

dessen Haus schon seit vier Generationen in Familienbesitz ist.

Auch die Prominenz weilte gern in der Sommerfrische. Der Schriftsteller Hans von Hoffensthal ist am Ritten geboren. Sigmund Freud betrieb hier religionspsychologische Studien, die in sein Werk „Totem und Tabu" einflossen. Und Franz Kafka schrieb von hier Briefe an seine Milena. Von der deutschen Politikprominenz verbringt Bundespräsident Frank-Walter Steinmeier gerne seinen Urlaub am Ritten.

Besucher begeben sich hier oben fast unentwegt auf Zeitreise. Alle Handykameras klicken, wenn die historischen Wagen der Rittner Schmalspurbahn von 1908 zum Einsatz kommen. Gemächlich fährt das Bimmelbähnchen auf dem Hochplateau in Richtung Klobenstein, wo ganz in der Nähe die bizarre Landschaft der Erdpyramiden wartet. In dem Steinwald aus bis zu dreißig Meter hohen Säulen, auf denen teils gewaltige runde Steine thronen, würde es nicht verwundern, wenn plötzlich Dinosaurier durch die Szenerie liefen. Dabei liegt das gut 100 000 Einwohner zählende Bozen nur zwölf Seilbahnminuten entfernt.

EIN BISSCHEN WEITE WELT

Die Fahrt hinab mit der Gondel eröffnet einen grandiosen Blick auf das Weltstädtchen mit seinem historischen Stadtkern – allerdings auch auf Bozens Industriezone. Deren Errichtung war einst politisch motiviert. 1934 beschlossen die faschistischen Machthaber, hier die Ansiedlung italienischer Arbeitskräfte zu forcieren. Die gewerblichen Bauten verschönern das Stadtbild nicht unbedingt, doch auf diese Weise ist das Zentrum bislang zumindest von großen Elektro- oder Baumärkten verschont geblieben und die Altstadtkulisse umso reizvoller.

Wegen des mediterranen Klimas zieht es die Bozner gern ins Freie. Man plaudert in den Cafés, bummelt durch die Lauben, trifft sich zum Aperitif in einem der Lokale am beliebten Obstmarkt. An heißen Sommertagen findet man mitten in der Stadt und doch völlig abgeschieden eine kühle Oase im traumhaften Privatpark des Hotels Laurin, nur einen Katzensprung vom Waltherplatz entfernt. Unter jahrhundertealten Zedern, umgeben vom Duft von Kamelien, Rosen und wilden Orangen, lässt es sich wunderbar rasten, auf lauschigen Wegen an erlesenen Kunstobjekten vorbeiflanieren oder den Poolschwimmern beim Bahnenziehen zusehen. Denn der Park ist öffentlich, er steht nicht nur Hotelgästen offen.

Bolzano – allein schon der italienische Name klingt nach südlichem Flair. Und mit mehr als siebzig Prozent weist die

Das Museion (rechts), Bozens Museum für moderne und zeitgenössische Kunst, spricht gezielt auch junge Menschen an – nicht nur mit dem Museumscafé (unten), in dem Schüler und Studenten zehn Prozent Rabatt erhalten.

1985 von einem Kulturverein gegründet, ist das Museion seit nunmehr siebzehn Jahren in dem gläsernen Kubus an den Talferwiesen beheimatet, den das Berliner Architekturbüro Krüger Schubert Vandreike für die Sammlung und die wechselnden Ausstellungen entworfen hat.

Im Südtiroler Archäologiemuseum nimmt Ötzi, der Mann vom Tisenjoch, samt Entdeckungsgeschichte, Beifunden und vielem mehr drei Etagen ein.

Museal sind auch die Apothekerschränke in der Parfümerie Thaler, die unter den Lauben 250 Jahre Tradition mit modernem Lifestyle verbindet.

Special

Gletschermumie

Auge in Auge mit Ötzi

Das Bozner Archäologiemuseum ist das meistbesuchte des Landes, denn es zeigt in einer einsehbaren Kühlkammer die älteste Mumie der Welt. Wie ein Pharao ruht er in seiner Grabkammer, allerdings keimfrei und eisgekühlt, bei minus sechs Grad und fast hundert Prozent Luftfeuchtigkeit. Die meisten Besucher kommen seinetwegen: Ötzi vom Tisenjoch.

Sein Fund 1991 war eine archäologische Sensation. Deutsche Wanderer hatten in den Ötztaler Alpen eine mumifizierte Leiche entdeckt, die man zunächst für einen verunglückten Bergsteiger hielt. Als sich herausstellte, dass die Mumie mit 5300 Jahren älter ist als die von Tutanchamun, erforschten Wissenschaftler fast alles über Ötzi. Er war höchstens 46 Jahre alt, 1,60 Meter groß, wog 50 Kilo, hatte Schuhgröße 38, dunkelbraunes, gewelltes, mittellanges Haar, braune Augen und fünfzig winzige Tattoos am ganzen Körper. Auch seine Krankheiten hat man haarklein rekonstruiert und dabei herausgefunden, dass Ötzi einst ermordet wurde.

Nachbildung des Mannes aus dem Eis

Regelmäßig erhält er eine Kur mit destilliertem Wasser, weil er täglich zwei Gramm davon verliert. So entsteht eine dünne, glänzende Eisschicht auf der eigentlich ledernen Haut. Das Museum verfügt über eigene Notkühlsysteme, doch für den Ernstfall wird im Bozner Krankenhaus eine weitere Kühlkammer bereitgehalten.

Landeshauptstadt auch den größten Anteil italienischsprachiger Südtiroler auf. Das nicht immer einfache Zusammenleben Deutschstämmiger und Italiener führt heute zu einem spannenden Mix aus deutscher Gründlichkeit und mediterraner Lässigkeit. Man hat gelernt, das Beste beider Lebensstile zu genießen: Knödel und Pasta, Loden und Armani.

Bozen will mehr sein als ein putziges Regionalzentrum, und so hat die Stadt in den vergangenen Jahrzehnten durch Investitionen in Kunst, Bildung und Handel ihr Image gewaltig aufpoliert. Es gibt eine Universität, an der dreisprachig unterrichtet wird, ein großes Stadttheater und natürlich den Publikumsmagneten Ötzi. Auch architektonisch sind die Zeiten längst vorbei, als man noch über die nüchterne Neustadt mit ihren martialischen Gebäuden aus der Zeit des Faschismus stritt. Für das moderne Gesicht der Stadt stehen heute Gebäude wie das Museion an den Talferwiesen, eines der bedeutendsten Museen zeitgenössischer Kunst im Alpenraum. Wenn der transparente Kunstkubus nachts in Neonfarben erstrahlt wie ein soeben gelandetes Ufo oder seine Fassade bisweilen mit eindrucksvollen Künstlervideos bespielt wird, ist der Kontrast zu den biederen Wohnhäusern der Umgebung durchaus beabsichtigt.

Ein bisschen große, weite Welt kann man auch in der Parfümerie Thaler unter den Lauben schnuppern, wo in alten Apothekerschränken seit mehr als 250 Jahren edle Flakons kleiner italienischer und französischer Manufakturen offeriert werden. Es duftet nach Bergamotte, Orange, Grapefruit und Vanille. „Frédéric Malle, Acqua di Parma, L'Artisan oder Etro? Was darf es sein?", fragt eine der Parfümexpertinnen und besprüht Papierstreifen mit Geruchsproben, bis es einem so den Kopf vernebelt, dass man sich fast wie in Paris fühlt. Zudem gibt es bei Thaler neben raren Duftwässerchen für sie und ihn auch ein Restaurant und eine Champagnerie über den Dächern der Stadt, schönste Aus-

»EINE MILDE, SANFTE LUFT FÜLLTE DIE GEGEND.«

Johann Wolfgang von Goethe über Bozen

sicht inklusive. Zwar nicht auf den Eiffelturm, aber immerhin auf Bozens berühmtesten Platz, den Waltherplatz. Und die Champagnerbar stellt manch Pariser Edellokal in den Schatten, denn hoch über Bozen blubbern hier fast 200 Sorten köstlichster Perlweine.

AUF WEINSAFARI

Wer nun auf den Geschmack gekommen ist und auch die große Vielfalt regionaler Weine kennenlernen möchte, ist auf der Südtiroler Weinstraße richtig. Auf insgesamt 150 Kilometern, von Nals über Bozen durch das Überetsch und Unterland bis nach Salurn, haben sich seit 1964 sechzehn Weindörfer zusammengeschlossen. Bei siebzig Kellereien mit insgesamt mehr als 4000 Hektar Rebflächen lässt sich ein Überblick am besten auf einer organisierten Weinsafari gewinnen, mit Weinbergbegehung, Kellereibesuch und Imbiss. Da kann man getrost auch einige Gläschen probieren, denn den Fahrdienst übernimmt ein Shuttlebus. Einsteigen, zurücklehnen und genießen, lautet das Motto der Anbieter.

Schloss Sigmundskron bei Bozen beherbergt mit dem MMM Firmian das Herzstück der sechs Messner Mountain Museen. Die Dauerausstellung ist der Beziehung zwischen dem Menschen und den Bergen gewidmet.

Den Kühen am Tschögglberg kann das egal sein, solange die Almwiesen genügend saftiges Gras bieten und die Lärchen Schatten spenden.

Auf dem Salten, einer weiten Hochebene im südlichen Teil des Tschögglbergs (ganz oben), lässt sich entspannt und doch mit Aussicht wandern.

Jenesien am Tschögglberg, etwas unterhalb des Salten, gilt als Wiege der Haflinger. Reiterhöfe wie der Oberfahrerhof im Ortsteil Flaas bieten Ausritte auf den gutmütigen, robusten „blonden" Pferden an (oben).

In den Weinhügeln südlich des alten Dorfkerns von Kaltern (oben) liegt malerisch der Kalterer See (ganz oben).

Bei der Nacht der Keller im Juni öffnen in wechselnden Orten der Südtiroler Weinstraße Winzer wie die Kellerei Schreckbichl in Girlan (oben rechts) ihre Gewölbe für Ausstellungen, Musik und natürlich für Gäste, die fachsimpeln, probieren und es sich wohl sein lassen.

Auf dem Premstallerhof in St. Magdalena, oberhalb von Bozen, baut Gertrud Vogel ihre Vernatsch- und Lagreintrauben nach biodynamischen Regeln an. Gekeltert und abgefüllt wird ihr St. Magdalener im Weingut Rottensteiner in Bozen.

Natürliche Badeseen gibt es nicht allzu viele in Südtirol. Der Kalterer See ist der größte unter ihnen – und der wärmste See der Alpen überhaupt. Die Badesaison geht hier von Mai bis September.

»WER GOTT LIEBT, WIRD SELIG. WER WEIN TRINKT, WIRD FRÖHLICH. DRUM LIEBET GOTT UND TRINKET WEIN UND LASSET UNS FRÖHLICH UND SELIG SEIN!«

Wandspruch an einem Buschenschank

KLEINE FAMILIENBETRIEBE

Dank des alpinen wie mediterranen Klimas gedeihen in Südtirol zwanzig verschiedene Rebsorten. Beim Gewürztraminer und den beiden autochthonen Sorten Vernatsch und Lagrein geraten Weinliebhaber aus der ganzen Welt ins Schwärmen.

Rückgrat der Südtiroler Weinwirtschaft sind die Kellereigenossenschaften, die im Land einen sehr guten Ruf genießen und fast siebzig Prozent aller Weine keltern. Dass viele Winzer weniger als einen Hektar Land besitzen, ließ die meist familiengeführten Unternehmen auf die Idee kommen, gemeinsam zu produzieren. Wenn sie ihre Trauben bei der Genossenschaft abliefern, können dort auch reichlich beste Lagen separiert werden, was in einem kleinen Weingut allein nicht möglich wäre. In Kaltern, Tramin oder Terlan präsentieren sich die Kellereien heute als derart spektakuläre Bauwerke, dass sich immer öfter auch Architekturtouristen dort blicken lassen.

WILDE, GESUNDE GENÜSSE

Während einer Weinbergbegehung mit einem Winzer lässt sich gut fachsimpeln, vor allem wenn man auf so ungewöhnliche Bioweinbauern trifft wie Othmar Sanin. Der Lebenskünstler hat seinen Job als Broker gekündigt, um sich in Margreid seinem „Weingut der wilden

Im 13. Jahrhundert auf einem Felssporn oberhalb von Salurn erbaut, hatte die Haderburg viele wechselnde Besitzer. Heute ist sie nicht mehr bewohnt, beherbergt aber eine mittelalterliche Burgschenke in ihren Mauern.

Das Kloster Maria Weißenstein bei Deutschnofen ist einer der bedeutendsten Wallfahrtsorte Südtirols, und das nicht erst seit dem Besuch von Papst Johannes Paul II. im Jahr 1988.

Die Deckenfresken (1753) der Barockkirche Maria Weißenstein stammen vom Wiener Hofmaler Josef Adam Mölk.

Neumarkt im Bozner Unterland, 1189 durch Bischof Konrad von Trient gegründet, war im Mittelalter eine bedeutende Handelsstation.

ZU BESONDEREN ANLÄSSEN WIE EINER TAUFE ODER HOCHZEIT PFLANZTE MAN FRÜHER EINE HAUSREBE.

Genüsse und einzigartigen Raritäten" zu widmen, wie er sagt. Ohne große Maschinen und ohne Pflanzenschutz produziert er nach 24 Jahren Weinbaumanufaktur inzwischen mehr als nur Wein. Im Unterwuchs zwischen den Rebreihen wachsen über 30 verschiedene Wildkräuter, aus denen Salat, Pesto oder Brotaufstrich hergestellt werden. Nach der Traubenpressung im Herbst entsteht aus den übrig gebliebenen Schalen und Kernen ein Pulver zur immunstärkenden Nahrungsergänzung.

Hokuspokus ist das für Sanin keineswegs. Als Biowinzer verwendet er ausschließlich pilzresistente Rebsorten, erklärt er. „Und so wie die besonderen Inhaltsstoffe solche Reben vor Schädlingen schützen, so können sie auch unser Immunsystem stärken." Die Südtiroler müssen es wissen, schließlich wurde hier schon in vorrömischer Zeit Wein angebaut, im 5. Jahrhundert v. Chr.

Zu besonderen Anlässen wie einer Taufe oder Hochzeit pflanzte man früher eine Hausrebe. So gedeiht in Margreid an der Fassade des Augustin-Hauses die angeblich älteste datierte Weinrebe Europas. Laut Inschrift wurde sie 1601 eingesetzt und trägt jedes Jahr noch bis zu achtzig Kilo Trauben.

Das Zentrum des größten Weinbaugebiets des Landes liegt weiter nördlich, in der Gemeinde Eppan. Weinlagen, so weit das Auge reicht. Ab und an lugen historische Ansitze mit zinnenbewehrten Mauern und verzierten Erkern zwischen den Rebfeldern hervor.

Südtirol zählt zu den burgenreichsten Gebieten Europas. Allein rund um Eppan fügen sich etwa 180 Burgen, Schlösser und Adelssitze in die Hügel- und Berglandschaft. Zur Sicherung ihrer territorialen Gebiete ließen Landesfürsten und Adelsfamilien im 11. und 12. Jahrhundert so viele Burgen errichten, dass man von einem regelrechten Bauboom sprechen kann. Als kunsthistorisches Schmuckkästchen gilt dabei Burg Hocheppan mit der winzigen Kirche im Burghof, die wegen ihrer überaus farbenprächtigen Wandmalereien auch „Sixtinische Kapelle der Alpen" genannt wird.

Nach einer stilechten Unterkunft in einer Burg oder einem Schloss muss man in der Gegend von Eppan nicht lange suchen. In vielen Anwesen können Gäste heute Schlossherren auf Zeit sein, über die Weinberge blicken und abends am Kamin einen exzellenten Tropfen genießen. Dabei kommen einem dann wieder die acht Bozner Seligkeiten in den Sinn: Ein eigenes Haus für den Sommer und eines für den Winter – und ein eigener Weinberg war doch auch noch dabei? Davon träumen kann man ja mal.

Gestaltete Weinkultur

MIT ÄSTHETISCHEM EIGENSINN

Dass Kunst und Weingenuss in Südtirol zusammengehören, schlägt sich unübersehbar auch in der architektonischen Gestaltung vieler Weingüter nieder. Vor allem Genossenschaftskellereien präsentieren sich oftmals als spektakuläre, zukunftsweisende Bauten, was für Weinkenner wie Architekturtouristen reizvoll ist.

3

7

1 Kellerei Meran

Vom geheimnisvollen, in Dunkelrot gehaltenen Holzfass- und Barriquekeller entblättert sich der von Architekt Werner Tscholl entworfene Bau bis hinauf zum lichtdurchfluteten Penthouse mit Vollverglasung und bester Sicht auf die Weinberge im Meraner Becken. Mit 360 regionalen Winzern bilden die beiden fusionierten traditionsreichen Kellereigenossenschaften Meran und Burggräfler gemeinsam die größte Kellerei im Westen Südtirols.

Kellereistraße 9,
I-39020 Marling,
Tel. +39 0473 44 71 37,
www.kellereimeran.it

2 Kellerei Bozen

Aus dem Hang scheint ein metallisch leuchtender Würfel zu wachsen, dessen Fassade durchzogen ist von verästelten Linien eines stilisierten Rebenblatts. Den neuen Sitz der Kellerei hat das Bozner Architekturbüro Dell'Agnolo Kelderer als Klimahaus angelegt und 20 000 m^2 Produktionsanlagen überwiegend unter die Erde verlegt. Bekannt ist die Kellereigenossenschaft für ihre Rotweine St. Magdalener und Lagrein Riserva.

Moritzinger Weg 36,
I-39100 Bozen,
Tel. +39 0471 27 09 09,
www.kellereibozen.com

3 Kellerei Nals/ Margreid

Architekt Markus Scherer hat das elegante, scheinbar frei schwebende Porphyrsteindach als Verbindungselement zwischen altem und neuem Kellereigebäude entworfen. Der oberirdisch angelegte, mit Eichenholz verkleidete Barriquekeller wirkt wie eine überdimensionale Weinkiste. Bekanntester Cru-Wein der Genossenschaftskellerei ist der Sirmian-Weißburgunder, der mehrfach als bester Weißwein Italiens ausgezeichnet wurde.

Heiligenbergerweg 2,
I-39010 Nals,
Tel. +39 0471 67 86 26,
www.kellerei.it

4 Kellerei Schreckbichl

Eichenholzfässer dienten als Inspiration für die Gestaltung der Außenfassade der Kellerei Schreckbichl. Ihre „Lafóa"-Weine sind das Ergebnis der Südtiroler Qualitätsoffensive für lagerfähigere Weine. Die ausgewählten Trauben stammen von alten Reben mit sehr geringem Ertrag, die ursprünglich auf dem gleichnamigen Pilotweinberg gesetzt wurden. Heute steht Lafóa für Weiß- und Rotweine von kräftiger Struktur, Finesse und großem Reifepotenzial.

Weinstraße 8,
I-39057 Girlan/Eppan,
Tel. +39 0471 66 42 46,
www.colterenzio.it

5 Winecenter Kaltern

Der auffällige moderne Kubus der Genossenschaftskellerei Kaltern lebt vom Kontrast. Die Verkaufsräume im Innern sind wie eine terrassenartige Landschaft angelegt, nach Plänen der Wiener Architektengruppe feld72. Hinzu gekommen ist eine stylishe Vinothek, deren Fassade aus stilisierten, farblich changierenden Weinblättern von Jutta Winkler entworfen wurde. Mit 3,5 Millionen Flaschen im Jahr gehört die Kellerei zu den großen im Land.

Bahnhofstraße 7,
Vinothek: Kellereistr. 12,
I-39052 Kaltern,
Tel. +39 0471 96 60 67,
www.winecenter.it

2

5

10

❻ Weingut Manincor

Angrenzend an den historischen Ansitz Manincor, wurden die neuen Kellerräume nahezu unsichtbar in den Weinberg gebaut. Nur Verkostungsraum und Verkaufspavillon liegen über der Erde. Dank dem Architektenteam Walter Angonese, Rainer Köberl und Silvia Boday vereinen sich Weinkultur und Baukunst mit einem wunderbaren Blick auf den Kalterer See. Alle Weine werden biodynamisch angebaut. Eine bemerkenswerte Komposition ist der rote „Cassiano" aus Merlot, Cabernet Franc, etwas Syrah und Verdot.

St. Josef am See 4,
I-39052 Kaltern,
Tel. +39 0471 96 02 30,
www.manincor.com

❼ Kellerei Tramin

Auch hier war einmal mehr der Vinschgauer Architekt Werner Tscholl am Werk: Ein symbolisch aus dem Boden wachsender Rebstock aus grünem Stahl umrankt das Gebäude der Traminer Kellerei komplett. Aus der Vinothek hat man einen fantastischen Blick auf die umliegenden Rebfelder. 160 Weinbauern haben sich der Kellereigenossenschaft Tramin angeschlossen. Viel Lob erhält der Gewürztraminer „Nussbaumer", für den die Region bekannt ist.

Weinstraße 144,
I-39040 Tramin,
Tel. +39 0471 09 66 34,
www.cantinatramin.it

❽ Weingut Elena Walch

„Le verre capricieux" – das eigenwillige Glas – nennt sich das moderne Gartenbistro, das der Grödner Architekt David Stufflesser harmonisch in das Ensemble aus Ansitz und Park eingefügt und mit einer gläsernen Fassade großzügig zum Garten hin geöffnet hat. Das Weingut selbst ist ein ehemaliges Jesuitenkloster mit Natursteinkeller. Elena Walch, von Haus aus eigentlich Architektin, gilt heute als Königin des Südtiroler Qualitätsweins.

Andreas-Hofer-Straße 1,
I-39040 Tramin,
Tel. +39 0471 86 01 03,
www.elenawalch.com

❾ Kellerei Alois Lageder

Die Natur in die Räume zu integrieren war das Ziel beim Neubau der Kellerei Lageder im historischen Ansitz Löwengang. Große Glasfronten und ein bepflanzter Wintergarten erfüllen ästhetische und klimatische Ansprüche. Dabei wurde auf eine nachhaltige Bauweise geachtet. Die meisten Lageder-Weine entfalten erst mit den Jahren ihre ganze Klasse, weshalb unter der Marke „Rarum" gereifte Weine aus der Gutsreserve angeboten werden.

Grafengasse 9,
I-39040 Margreid,
Tel. +39 0471 80 95 00,
www.aloislageder.eu

❿ Kellerei Kurtatsch

Mit der breiten Eingangsfront nehmen Dell'Agnolo Kelderer in gekonnter Formensprache die Ästhetik der umliegenden Felswände auf, die dann die Rückwand des Barriquekellers bilden. Auf dem Gebiet des Weinbaudorfs Kurtatsch gibt es Höhenunterschiede von 700 Metern, einzigartig in Europa. Unten wachsen kraftvolle Rote, oben leichte Weiße. Unter dem Label Freienfeld gehören der Chardonnay und der Cabernet Sauvignon zu den Aushängeschildern.

Weinstraße 23,
I-39040 Kurtatsch,
Tel. +39 0471 88 14 96,
www.kellerei-kurtatsch.it

MERANO
MERAN
Marlengo
Marling
Lana
Avelengo
Hafling
Sarentino
Sarnthein
Sarntaler Alpen
Postal
Burgstall
Gargazzone
Gargazon
Meltina
Mölten
Tesimo
Tisens
Nalles
Nals
Terlano
Terlan
San Genesio
Jenesien
Soprabolzano
Oberbozen
Renon
Ritten
Collalbo
Klobenstein
Fiè allo Sciliar
Völs am Schlern
Andriano
Andrian
BOLZANO
BOZEN
Appiano
Eppan
Caldaro
Kaltern
Passo di Mendola
Mendelpass
Laives
Leifers
Nova Ponente
Deutschnofen
Bronzolo
Branzoll
Aldino
Aldein
Ora
Auer
Termeno
Tramin
Montagna
Montan
Cortaccia
Kurtatsch
Egna
Neumarkt
Trodena
Truden
Cavalese
Tesero
Castello-Molina
Anterivo
Altrei
Cortina
Kurtinig
Salorno
Salurn
Mezzocorona
Mezzolombardo
San Michele all'Adige
Segonzano
Fondo
Sarnonico
Passo Palade
Gampenjoch
San Pancrazio
Sankt Pankraz
Castelfondo
Tiers
Val di Fiemme
Passo di Lavazè
Passo di Pramadiccio
Lago di Caldaro
Kalterer See
Parco Naturale Monte Corno
Trudner Horn
Naturpark
1
2
3
4
5
Maßstab 1:200.000
0 2 4km

UNTER LAUBEN UND TRAUBEN

Die Landeshauptstadt Bozen lockt mit architektonischen Kontrasten, bedeutenden Museen und Allwettershopping unter reizvollen Lauben. Wer der Stadt einmal entfliehen will, findet Sommerfrische am Ritten oder im Unterland auf der südlichen Weinstraße.

1 Bozen

Südtirols Landeshauptstadt (107 000 Einw.) liegt in einem breiten Talkessel, der sich nach Süden hin öffnet, was für sehr warmes, mediterranes Klima sorgt. Dank seiner Lage an der Via Claudia Augusta war Bozen schon früh ein wichtiger Handelsplatz.

SEHENSWERT
Die **Laubengasse TOPZIEL** bietet unter ihren Arkaden bestes Allwettershopping. Vom **Obstmarkt** zieht sie sich in Richtung Osten bis zum Rathausplatz. Zentrum der Altstadt ist der **Waltherplatz** mit dem Denkmal Walther von der Vogelweides und dem gotischen **Dom** (Mo. bis Sa. 7.30–18.00 Uhr). Weithin sichtbar ist der filigrane Kirchturm (62 m). Die an das trutzige Ensemble des Dominikanerklosters (1272) anschließende **Johanneskapelle** zeigt farbenfrohe Fresken (Mitte 14. Jh.), die zu den bedeutendsten Zeugnissen oberitalienischer Wandmalerei gehören.

Spaziergang am Rittner Horn. Bozen: Waltherplatz mit Dom.

Tipp

Bizarre Naturwunder

Die **Rittner Erdpyramiden TOPZIEL** sind Lehmsäulen, die aussehen, als würden sie Hüte tragen. Die schlanken, bis zu 30 m hohen, spitz zulaufenden Türme, die auf der Spitze oft einen Stein balancieren, sind gegen Ende der letzten Eiszeit entstanden. Während weicher Moränenschutt allmählich ausgespült wurde, blieben die Lehmpfeiler unter harten Gesteinsbrocken erhalten.

Im Finsterbachgraben auf dem Weg von Lengmoos nach Maria Saal, im Katzenbachgraben unterhalb von Oberbozen und im Gasterergraben in Unterinn; www.ritten.com

MUSEEN
Der transparente, nachts leuchtende Kubus des **Museion TOPZIEL** birgt eines der bedeutendsten Museen zeitgenössischer Kunst im Alpenraum (Dantestr. 6, www.museion.it; Di. bis So. 10.00–18.00, Do. bis 22.00 Uhr). Wer Ötzi im **Südtiroler Archäologiemuseum TOPZIEL** in der Sommersaison besuchen will, sollte das Ticket vorab online buchen (Museumstr. 43, www.iceman.it; Di.–So. 10.00–18.00 Uhr).

VERANSTALTUNGEN
Die **Bozner Weinkost** (Ende März) im Schloss Maretsch und das **Gourmetfestival** (Mai) in der Altstadt sind kulinarische Highlights. Von Ende Nov. bis 6. Jan. verwandelt sich der Waltherplatz in einen großen **Weihnachtsmarkt** (www.mercatinodinatalebz.it).

EINKAUFEN
Edle Parfüms und Kosmetik gibt es bei **Thaler** (Lauben 69, https://thaler.bz.it), schönes Kunsthandwerk führen die **Südtiroler Werkstätten** (Lauben 39, Tel. +39 0471 97 85 90). Der Outdoorgigant **Salewa** mit Kletterhalle und Bistro liegt direkt an der Autobahnausfahrt Bozen-Süd (Waltraud-Gerbert-Deeg-Str. 4, www.salewa.com).

RESTAURANT
Eine Bozner Institution ist das **€€/€€€ Vögele** (Goethestr. 3, Tel. +39 0471 97 39 38, www.voegele.it; So. geschl.). Traditionsgerichte werden in den Gewölbestuben im Biedermeierlook oder draußen unterm Arkadengang serviert.

UNTERKUNFT/RESTAURANT
Kandinsky oder Kokoschka im Schlafzimmer: Im 1910 erbauten **€€€€ Parkhotel Laurin** (Laurinstr. 4, Tel.+39 0471 31 10 00, www.laurin.it) hängen 200 Originale aus dem 20./21. Jh. In der Bar trifft sich die Stadtprominenz unter atemberaubenden Fresken oder speist im Restaurant mit Blick in den Park.
Das historische **€€€ Hotel Greif** (Waltherplatz, Tel. +39 0471 31 80 00, www.greif.it) ist heute ein Designhotel mit 33 von verschiedenen Künstlern gestalteten Zimmern. Die Grifoncino-Bar (im Sommer auch auf dem Rooftop) gilt als Hotspot für Cocktails in Bozen.
Das **€€€ Goldenstern** (Dr.-Josef-Streiter-Gasse 53, Tel. +39 0471 06 00 43, https://goldenstern.it) ist ein historisches, mit zeitgemäßem Design belebtes Stadthaus mit alten Stuckdecken und historisch bedeutsamen Fresken.

UMGEBUNG
Bilderburg nennt man **Schloss Runkelstein** (13. Jh.; 4 km nördl.) wegen seiner mittelalterlichen Fresken (www.runkelstein.info; Di.–So. 10.00–18.00, Nov.–Mitte März bis 17.00 Uhr).

Der **Ritten** (1221 m; 15 km nordöstl., www.ritten.com) ist am schnellsten mit der Seilbahn vom Bahnhof des Vororts Rentsch zu erreichen (alle 4 Min., Fahrzeit 12 Min.). Sehenswert sind die Villen im alpinen Jugendstil in **Maria Himmelfahrt** und **Oberbozen**, wie das **€€€€ Parkhotel Holzner** (Dorf 18, Oberbozen, Tel. +39 0471 34 52 31, www.parkhotel-holzner.com), ein Architekturjuwel mit Sternguckerturm. Die Rittner Schmalspurbahn (1908) verkehrt auf dem Hochplateau zwischen Oberbozen und dem Hauptort **Klobenstein**. Das Bergdorf **Jenesien** (12 km nördl., www.jenesien.net) am Südhang des Tschögglbergs bietet viele Reitmöglichkeiten und herrliche Lärchenwälder, die im Herbst golden leuchten. Massagen mit Lärchenöl genießt man im **€€€€ Hotel Belvedere** (s. S. 23). **Schloss Sigmundskron** (6 km südwestl.) gilt als Symbol der Freiheit; mehr als 30 000 Südtiroler forderten hier 1957 die Autonomie. Heute beherbergt die Anlage das **MMM Firmian**, ein Museum von Reinhold Messner, das die Geschichte des Alpinismus dokumentiert (www.messner-mountain-museum.it; 3. März–So. bis 2. Nov.-So. Fr.–Mi. 10.00–18.00 Uhr).
Mitten im Nirgendwo befinden sich im **Sarntal** (27 km nördl.) die Gourmetlokale **€€€€ Terra** und **€€€€ La Fuga** (s. S. 56).
Der **Kohlerer Berg** ist ein weiteres Ausflugsziel in luftiger Höhe. Die Bergstation ist mit der ältesten Schwebeseilbahn der Welt (1908) vom Südosten Bozens in nur 5 Minuten zu erreichen (www.kohlererbahn.it).

Tipp

Bauer auf Zeit

Ein ehrenamtlicher Arbeitseinsatz auf einem Bergbauernhof erspart einem jedes Fitnessstudio, denn nicht nur bei der Heuernte am steilen Berghang ist Körpereinsatz gefragt. Obendrein hilft man, eine typische Kulturlandschaft zu erhalten, indem man in Not geratene Bauern unterstützt, die all die Arbeit allein nicht mehr stemmen können oder bei denen ein erkranktes Familienmitglied länger ausfällt. Besonders zur Erntezeit von Juni bis Sept. sucht die Bergbauernhilfe in Bozen immer wieder freiwillige Helfer.

www.bergbauernhilfe.it

Eppan: Bar Zum Mondschein. Tramin: Egetmann-Umzug im Heimatmuseum.

INFORMATION
Verkehrsamt der Stadt Bozen, Südtiroler Str. 60, I-39100 Bozen, Tel. +39 0471 30 70 00, www.bolzano-bozen.it

2 Eppan

Zur Großgemeinde Eppan (13 500 Einw.), mit 940 ha größtes Weinbaugebiet Südtirols, gehören 10 Ortschaften (Hauptort: St. Michael), über 180 Burgen, Schlösser und Ansitze. Die Region um Eppan und Kaltern wird Überetsch genannt.

SEHENSWERT
„Dom auf dem Land" heißt die **Pfarrkirche in St. Pauls** (15. Jh./1647) auch, weil sie einen der höchsten Kirchtürme Südtirols besitzt (89 m).

ERLEBEN
An der **Südtiroler Weinstraße** TOPZIEL von Nals bis Salurn kann man auf einer organisierten Weinsafari ausgewählte Weinkellereien erkunden (Tel. +39 0471 86 06 59, www.suedtiroler-weinstrasse.it).

UNTERKUNFT
Wer im romantischen **€€/€€€ Hotel Ansitz Tschindlhof** (Bergweg 36, St. Michael-Eppan, www.tschindlhof.com/de), einem Renaissance-Ansitz, nächtigt, kann wunderbare Blicke auf Berge und Burgen ringsum genießen.

INFORMATION
Tourismusverein Eppan, Bahnhofstr. 7, I-39057 Eppan, Tel. +39 0471 66 22 06, www.eppan.com

3 Kaltern

Neben Häusern aus dem 16. und 17. Jh. im „Überetscher Stil" mit typischen Doppelbogenfenstern, Erkern, Türmchen und Loggien setzt zeitgenössische Architektur im Stadtbild von Kaltern (8200 Einw.) gekonnte Kontraste. Architektonische Highlights sind der verspiegelte Kubus des modernen **Winecenters** und die **Vinothek** (s. S. 92). Das **Südtiroler Weinmuseum** hingegen ist in der ehemaligen Kellerei Di Pauli in einem alten Gewölbekeller untergebracht (Goldgasse 1, www.weinmuseum.it; April–Mitte Nov. Di.–Sa. 10.00–17.00 Uhr).

ERLEBEN
Größter Natursee Südtirols ist der **Kalterer See** (1,47 km²). Touristisch erschlossen sind hauptsächlich Ost- und Westufer; das Südufer ist verschilft. Neben dem Baden, Ruder- und Tretbootfahren sind Segeln und Windsurfen sehr beliebt. Es gibt auch einen Rundwanderweg.

UNTERKUNFT/RESTAURANT
Der **€€/€€€ Panholzer** (St. Josef am See 8, Tel. +39 0471 66 26 49, www.panholzer.it) ist ein historischer Weinhof mit Restaurant, Vinothek, einer Weinbergsuite und Blick auf den Kalterer See. Die **€ Villa Weingarten** (Unterwinkel 24, Tel. +39 333 1 82 47 56, www.villaweingarten.it) fügt sich als lang gestreckter, minimalistischer weißer Bungalow in die Weinterrassen ein.

UMGEBUNG
Von **St. Anton** (1,5 km südwestl.) fährt auf einer 4,5 km langen, abenteuerlichen Trasse die 1903 eingeweihte, wohl steilste Standseilbahn Europas auf die Mendel (1363 m).

INFORMATION
Tourismusverein Kaltern, Marktplatz 8, I-39052 Kaltern, Tel. +39 0471 96 31 69, www.kaltern.com

4 Tramin

Trotz des boomenden Tourismus hat sich Tramin (3400 Einw.) den Charme eines traditionellen Weindorfs bewahrt. Bekannt ist der Ort für seinen bukettreichen weißen Gewürztraminer.

SEHENSWERT
Das kunsthistorische Kleinod Tramins, die Kirche **St. Jakob in Kastelaz** (12. Jh.), liegt oberhalb des Ortes in den Weinbergen. Einzigartig sind die romanischen Fresken (13. Jh.) eines unbekannten Künstlers, die kämpfende Tiermenschen und andere Fabelwesen zeigen (Mitte März bis Mitte Nov. tgl. 10.00–18.00 Uhr).
Architekturinteressierte lockt das Gebäude der **Genossenschaftskellerei Tramin** (s. S. 93).
Im **Heimatmuseum** im ehem. Badhaus (15./16. Jh.) ist u. a. ein Egetmann-Umzug nachgestellt (Rathausplatz 9, www.hoamet-tramin-museum.com; Mitte April–Okt. Di.–Fr. 10.00 bis 12.00 Uhr). Wer Tramin in ungeraden Jahren am Faschingsdienstag besucht, erlebt das heidni-

sche Brauchtum um den Egetmann-Hansl hautnah mit – und riskiert, mit Ruß oder Mehl beworfen zu werden.

EINKAUFEN
Bislang einzige Winzerin Südtirols mit höchsten Auszeichnungen ist **Elena Walch** (Andreas-Hofer-Str. 1, www.elenawalch.com). Alles aus der Rebe – mehr als nur Wein – macht das Bioweingut von **Othmar Sanin** im 8 km südl. gelegenen Margreid (Bahnhofstr. 6, www.sanin.bio).

UNTERKUNFT/RESTAURANT
Der trutzige **€€/€€€ Ansitz Romani** (Andreas-Hofer-Str. 23, www.ansitzromani.com) am Ortsrand beherbergt ein Hotel mit schöner Gartenterrasse und Pool. Unter Gewölben (14. Jh.) wird verfeinerte Südtiroler Küche serviert.

INFORMATION
Tourismusverein Tramin, Mindelheimerstr. 10 a, I-39040 Tramin, Tel. +39 0471 86 01 31, www.tramin.com

5 Neumarkt/Auer

Der 1189 als „Neuer Markt" vom Bischof von Trient gegründete Ort (5500 Einw.) entwickelte sich dank der Lage an der römischen Handelsstraße Via Claudia Augusta und vielen Privilegien zu einem wichtigen Warenumschlagplatz, zumal die Etsch seinerzeit noch schiffbar war.

SEHENSWERT
Die 500 m langen **Lauben** im Ortskern gehören zu den längsten durchgängig erhaltenen in Südtirol. Zudem sind sie kommerziell nicht verschandelt, weshalb Neumarkt gern als historische Filmkulisse genutzt wird. Im Haus Nr. 20 verbrachte der Tiroler Freiheitsheld Andreas Hofer 1810 eine Nacht auf dem Weg nach Mantua, wo er auf Befehl Napoleons erschossen wurde; daran erinnert eine Gedenktafel.

UMGEBUNG
Die **Bletterbachschlucht** bei Aldein (21 km nordöstl.) gilt als der Grand Canyon Südtirols und gehört zum UNESCO-Welterbe. Im Geoparc sieht man nicht nur einen Querschnitt durch Gesteinsschichten, die vor 250 Mio. Jahren entstanden sind, sondern auch Spuren der einst hier lebenden Pflanzen und Tiere (Lerch 40, Aldein, www.bletterbach.info; Mai–Okt. tgl. 9.30–17.00 Uhr, Führungen und Wandertouren). Bedeutendster Wallfahrtsort Südtirols ist **Maria Weißenstein** (22 km nordöstl.), das auf einem Hochplateau liegt. Pater des Servitenklosters kümmern sich um den Komplex aus Kirche und Kloster, der auch ein Kongress- und Exerzitienhaus sowie ein Hotel mit Gasthaus umfasst. Sehenswert ist die umfangreiche Sammlung von Votivbildern (17./18. Jh.), die als Dank für erhörte Gebete gestiftet wurden.

INFORMATION
Feriendestination Castelfeder, Hauptplatz 5, I-39040 Auer, Tel. +39 0471 81 02 31, www.castelfeder.info

DREI AUF EINEN STREICH

Burgen, Schlösser, Ansitze, wohin man schaut. 800 sind es in ganz Südtirol, das ist die höchste Dichte in Europa. Einst von strategischer und wirtschaftlicher Bedeutung, sind die Anlagen heute wichtiger Bestandteil der Kulturlandschaft. Einige sind in Privatbesitz, andere beherbergen Museen, Restaurants oder Hotels, wie etwa Schloss Korb in Eppan, wo nun die Gäste so schlafen wie einst die Grafen. Geschichtsträchtig und romantisch ist der kleine Rundwanderweg, der hier beginnt und durch den schattigen Wald hinauf zu zwei weiteren Burgen führt.

Nach einer halben Stunde ist bereits Burg Hocheppan erreicht, die Graf Ulrich II. um 1130 als Wehranlage erbauen ließ. Die „Sixtinische Kapelle der Alpen" im Burghof kann man nur mit kunsthistorischer Führung besuchen – das lohnt sich allerdings. Die überaus farbenprächtigen, romanischen, byzantinisch beeinflussten Wandmalereien stammen von einem unbekannten Meister des beginnenden 13. Jahrhunderts. Das bekannteste Fresko ist die Darstellung einer „Knödelesserin" im Stall von Bethlehem, die früheste Dokumentation eines Tiroler Knödels!

Schloss Korb liegt zu Füßen der Burg Hocheppan, wo die Knödelesserin zu Hause ist.

Wer bei diesem Anblick Hunger verspürt, muss nicht lange warten. In der Burgschenke gleich nebenan hat man sich auf eine reiche Auswahl an Speck-, Spinat- und Pressknödeln spezialisiert, die im mittelalterlichen Ambiente im Freien aufgetischt werden. Gestärkt geht es weiter zur Burgruine Boymont mit ihren eleganten Rundbogenfenstern und dem schönen Ausblick hinunter auf Schloss Korb.

Rundwanderweg: Von Schloss Korb führt ein Waldweg hoch zur Ruine Hocheppan mit Kapelle und Burgschenke, weiter zur Burgruine Boymont und zurück nach Schloss Korb. Streckenlänge ca. 6 km, Höhenunterschied ca. 300 m, reine Gehzeit ca. 2,5 Std.

Hocheppan: Burgkapelle nur mit Führung zu besichtigen (April bis Juli Do.–So., Aug. Do.–Mo., Sept.–Anf. Nov. Do.–Di. zwischen 11.00 und 16.30 Uhr, jeweils zur halben Stunde); http://hocheppan.it

Schloss Korb: www.schloss-hotel-korb.com

Pustertal

*

DEM HIMMEL GANZ NAH

*

Schon Bruneck im Zentrum des Pustertals gilt als eine der glücklichsten Kleinstädte des Landes. Bis zum fast überirdisch leuchtenden Pragser Wildsee im Hochpustertal ist es von hier nicht mehr weit, und spätestens bei den schroffen Spitzen der Sextner Dolomiten, allen voran den Drei Zinnen, gibt es dann kein Halten mehr vor Bergglück.

Das knapp zwölf Hektar große Gebiet des Naturparks Drei Zinnen, Teil des UNESCO-Welterbes, besteht zu fast zwei Dritteln aus Fels und Geröll. Ein Paradies für Alpinisten!

Der Pragser Wildsee ist so schön und so beliebt, dass er geschützt und in der Hochsaison nur mehr eingeschränkt zugänglich ist.

Irgendwann wird selbst der größte Rabauke zahm. In jungen Jahren noch fäusteschwingender Italowesternheld, lebt Terence Hill in der italienischen TV-Serie „Die Bergpolizei – Ganz nah am Himmel" als Förster Pietro in einem einsamen Bootshäuschen am Pragser Wildsee und werkelt in seiner Freizeit als Holzschnitzer. Was ihn so sanftmütig gemacht hat? Vielleicht das magische Leuchten des Sees, der an seinen Buchten von schroffen Felsen eingefasst ist, wie ein Schmuckstück aus Smaragd und Silber. Die gigantisch schöne Landschaft, die ein bisschen wie ein Stück Kanada mitten in den Alpen wirkt, lässt nicht nur Youtuber und Instagrammer Wow-Aufnahmen ins Netz stellen. Seit der TV-Serie um Förster Pietro wollen viele Fernsehzuschauer mit eigenen Augen sehen, wovon der Film sie träumen ließ. Begeistert umrunden sie den See auf 1494 Meter Höhe zu Fuß oder versuchen bei einer Bootsfahrt, ihren persönlichen Lieblingsblickwinkel zu finden.

GORE-TEX DES MITTELALTERS

Doch wie viele Besucher verträgt der See? Während der Hochsaison ist manchmal so viel los, dass nicht mehr als 5000 Tagesgästen die Zufahrt erlaubt wird. Da fährt man vielleicht besser gleich nach Bruneck, das mehrfach zur

Special

Schauplatz der Geschichte

Erste Tage der Freiheit

Das Hotel Pragser Wildsee bekam am Ende des Zweiten Weltkriegs ganz besondere Gäste.

„Ich konnte den Blick nicht von meinem Fenster lösen, von den schneebedeckten Bergen, die sich steil über dem stillen, geheimnisvoll-traurigen See erhoben", schreibt Fey von Hassell in ihren Lebenserinnerungen. Die Tochter des von den Nazis ermordeten Widerstandskämpfers Ulrich von Hassell war soeben dem Tod entronnen, als sie im Mai 1945 im Hotel Pragser Wildsee am Fenster stand.

Die befreiten SS-Geiseln vor dem Hotel

Zuvor hatte die SS sie und weitere 138 prominente politische Häftlinge aus dem KZ Dachau in den letzten Kriegstagen nach Niederdorf im Pustertal gebracht, um sie als Verhandlungspfand gegenüber den Alliierten einzusetzen. Es handelte sich um Gegner des Hitler-Regimes: Angehörige von Graf von Stauffenberg, Geistliche wie der evangelische Pastor Martin Niemöller, Generäle und hochrangige Politiker, zum Teil mit ihren Frauen und Kindern. Im Befehlswirrwarr kurz vor Kriegsende griff die Deutsche Wehrmacht ein, befreite die Geiseln und brachte sie in ein Quartier, das ihrem gesellschaftlichen Rang angemessen schien – ins Hotel Pragser Wildsee, wo heute ein Zeitgeschichtsarchiv sowie eine Gedenktafel an der hauseigenen Kapelle am See an die Geschehnisse von damals erinnern.

Die Bergila-Latschenöl-brennerei in Issing verarbeitet von Hand geerntete Blüten zu Salben, Tinkturen, Tees und Kosmetik (ganz links).

Als seinen „15. Achttausender" hat Reinhold Messner sein sechsteiliges Museumsprojekt bezeichnet. Den Abschluss fand es mit dem 2015 auf dem Kronplatz eröffneten MMM Corones, dessen Betonarchitektur sich in 2275 Meter Höhe organisch in die Berglandschaft fügt (oben und ganz oben rechts).

Als „grünes Tal" wird das Pustertal auch bezeichnet. Hier ein Blick von Schloss Sonnenburg bei St. Lorenzen auf den Zusammenfluss von Gader und Rienz.

Das Brunecker Original Toni Mair unter der Eggen, genannt Keschtn-Toni, betreibt am Graben einen modernen Feinkostkiosk (rechts).

Fünf Gehminuten entfernt, an der Tielt-Promenade, liegt die Lounge-Bar Waink's (Mitte rechts).

Die im 12. Jahrhundert erbaute Pfarrkirche St. Michael in Innichen, in der Dolomitenregion Drei Zinnen, wurde im 18. Jahrhundert barockisiert. Die Fresken im Innern stammen vom Tiroler Rokokomaler Christoph Anton Mayr (Mitte links).

Brunecks malerische, belebte Stadtgasse, die Flaniermeile des Pustertals, ist von Bürgerhäusern aus dem Mittelalter und Barock gesäumt.

glücklichsten Kleinstadt Italiens gewählt wurde. Die Gründe dafür sind vielfältig. Im Herzen des Pustertals gelegen, hat sich der Ort schon früh zum kulturellen und wirtschaftlichen Zentrum der Region gemausert.

Michael Pacher, ein Meister gotischer Schnitzaltäre, hatte hier bereits im 15. Jahrhundert seine Werkstatt. Heute engagiert sich der älteste Industriebetrieb der Region sichtbar in der Kunstförderung. Die Tuchfabrik Moessmer stellt Teile ihrer Fabrikhallen gratis als Atelier für Künstler zur Verfügung, die im Gegenzug mit den Stoffen des Unternehmens arbeiten. Eine ehemalige Villa der Textilfabrik hat auch Norbert Niederkofler, Südtirols einziger Drei-Sterne-Koch, 2023 als Ort für sein Hauptrestaurant gewählt. Hinter dem eisernen Fabriktor mit dem auffällig geschwungenen Logo atmet das Firmengelände noch den Charme einer Zeit, als Kaiser Franz Josef Jagdanzüge aus Loden von Moessmer trug – ein Stoff, der nicht nur strapazierfähig ist, sondern wasserabweisend, winddicht und zugleich atmungsaktiv. „Loden ist das Gore-Tex des Mittelalters", erklärt Josef Zingerle, Leiter des Controllings, wohl wissend, dass ein derart angestaubtes Image nicht gerade hip und sexy wirkt. Verschmitzt lächelnd öffnet er deshalb in seinem Stoffarchiv alte Holzschubladen und zeigt, was die Firma heute so erfolgreich macht. Luxuslabels wie Armani, Prada oder Dolce & Gabbana lassen wegen der hochwertigen Verarbeitung regelmäßig sündhaft teure Haute-Couture-Stoffe bei Moessmer fertigen.

ARCHITEKTUR MIT WEITBLICK

Doch auch die Lodentradition wird bis heute gepflegt – auf höchst moderne Weise. So fährt die Südtiroler Regionalbahn mit Lodenbezügen von Moessmer durchs Land. Und vor der Eröffnung des spektakulären MMM Corones auf dem Kronplatz hüllte man das Alpinismusmuseum komplett in königsblauen Lodenstoff, als wäre es ein Werk des Künstlers Christo. Das von der Stararchitektin

Zaha Hadid entworfene Gebäude ist das sechste und letzte Messner-Mountain-Museum. Auf dem Gipfelplateau fügt sich die futuristisch anmutende Architektur mit Glas, Stahl und Beton harmonisch in die Natur ein, denn sie geht dafür fast komplett unter die Erde. Im Innern öffnen große Schaufenster den Blick in die spektakuläre Dolomitenlandschaft oder führen hinaus zur Aussichtsplattform in 2275 Meter Höhe. Einen nicht minder spektakulären Ausblick eröffnet in der Nähe Lumen, das moderne Museum für Bergfotografie, in dem Niederkofler das Lokal AlpiNN eröffnet hat.

DREI-ZINNEN-BLICK FÜR FAULE

Dem magischen Anblick der Drei Zinnen kann sich kaum jemand entziehen. So wunderschön ist das Dreigestirn der Dolomiten, dass viele Besucher mit dem bekannten Postkartenmotiv im Kopf hierherkommen. „Aber wo sind jetzt die Drei Zinnen?", fragt ein japanisches Pärchen. Enttäuscht stehen die beiden am Parkplatz unterhalb der Auronzohütte und ärgern sich, dass sich die markante Felsformation nur völlig unspektakulär von hinten präsentiert. Mindestens anderthalb Stunden müssten sie von hier aus noch gehen, erst dann tauche das bekannte Motiv der Nordwände mit der Drei-Zinnen-Hütte im Vordergrund auf, erklärt ihnen ein Bergführer. Doch so viel Zeit haben die beiden nicht.

Auf der Rückfahrt durchs Höhlensteintal erleben sie dann eine Überraschung. Im Weiler Landro passieren sie ein Monument, das man dort in die Landschaft gestellt hat. Es gleicht einem riesigen Fernrohr, durch das sich die Nordwände der Drei Zinnen exakt in den Blick nehmen lassen – der einzige Ort, an dem man das bekannte Bergmassiv quasi vom Auto aus von seiner besten Seite sehen kann. Einheimische nennen den Platz deshalb gern den Drei-Zinnen-Blick für Faule. Hier werden schnell die Handys fürs Selfie gezückt und die Drei Zinnen als Hintergrund so ins Bild gerückt, als wäre man dort gewesen. Perfekt!

Den schönsten Blick auf die Drei Zinnen hat man vom Paternkofel (oben). Schon der Aufstieg ist spektakulär (ganz oben, unten) – wie viele Touren in den Sextner Dolomiten.

Das Motiv hat beim Stichwort Dolomiten fast jeder im Kopf: die Nordwände der Drei Zinnen.

Eine typische „Pustertaler Stub", die regionales Essen auftischt, ist die Weinstube Mühle in Sexten.

Kulturvielfalt

LA DEUTSCHE VITA

Nach Jahrzehnten leidvoller Unterdrückung versucht sich Südtirol heute im Miteinander kultureller Vielfalt: drei Sprachen, drei Kulturen, ein Lebensraum. Da trifft mediterrane Lässigkeit auf deutsche Gründlichkeit und inzwischen auch auf so manchen Weltbürger.

Mehrsprachige Schilder und Wegweiser sind in Südtirol nichts Besonderes, sondern die Regel.

Spielerischer kann man eine fremde Sprache kaum lernen." Wie zum Beweis legt eine Sprachtutorin vom Multisprachzentrum in Bozen eine CD ein. Ladin Pop statt Latin Pop: Die drei Musikerinnen von Ganes singen in Ladinisch, einer vom Aussterben bedrohten Sprache. „*Toma la nëi ...*", so beginnt ihr Lied. Was das wohl heißt? Im Multisprachzentrum helfen Muttersprachler gern beim Übersetzen: „Der Schnee fällt." Die Kultureinrichtung, die eine Zweigstelle in Meran hat, wird auch von vielen Urlaubern genutzt, denn sie verfügt über eine Multimediabibliothek mit über 20000 Titeln. Darunter die mehrfach ausgezeichnete Dokumentation „Verkaufte Heimat", die anhand des Schicksals verschiedener Familien die schwierige historische Entwicklung Südtirols zwischen 1938 und der Mitte der 1960er-Jahre zeigt.

ZUR WAHL GEZWUNGEN

Heute sieht sich das Land als Schmelztiegel kultureller Vielfalt, doch es war ein weiter Weg bis dahin. Seit das zur untergegangenen österreichisch-ungarischen Monarchie zählende Tirol 1919 geteilt und Südtirol Italien zugesprochen wurde, drehte sich alles um die verlorene Autonomie. Nach dem Verbot der deutschen Sprache, Zwangsnamensänderungen und Zuwanderungen aus Italien verschärfte sich der Konflikt im Zweiten Weltkrieg. Deutschsprachige Südtiroler wurden vor die Wahl gestellt, nach Deutschland, in die besetzten Ostgebiete, umzusiedeln oder die Italienisierung zu akzeptieren. Der Streit darüber zerrüttete viele Familien.

Den erweiterten Status als autonome Provinz erhielt Südtirol erst 1972. Heute bedeutet das zum Beispiel, dass öffentliche Stellen proportional nach Sprachgruppen besetzt werden. Und das bei insgesamt nur 530000 Südtirolern, von denen, statistisch gesehen, 69 Prozent Deutsch sprechen, 26 Prozent Italienisch und fünf Prozent Ladinisch. Schon bei Volkszählungen müssen sich die Südtiroler entscheiden, denn es gibt je ein Kästchen für deutsch, italienisch und ladinisch. Für „mehrsprachig" gibt es keines. Dafür schlägt sich die Mehrsprachigkeit im Alltag nieder, bis hin

Anzeige

Einfach wohlfühlen im Herzen Südtirols

Lust auf Südtirol? Aber bitte ganz entspannt! Das Hotel | Restaurant | Camping Steiner in Leifers bei Bozen macht's möglich.

Die grüne Oase im Süden von Bozen bietet Urlaub in allen Formen und Größen – schon in vierter Generation. Vom Camping-Stellplatz, über gemütliche Holzbungalows und Schlaffässer bis hin zu komfortablen Zimmern und exklusiven Lofts erwartet Gäste eine bunte Schlafvielfalt in der zentral gelegenen Apfelstadt.

Ein Besuch im „Steiner" bedeutet Genuss mit allen Sinnen. Ob in der Südtiroler Natur aktiv am Berg oder ganz entspannt im großen Aussenpool oder im beheizten Badehaus samt Rooftop-Sauna als Private Spa. Kulinarisch verwöhnt das Restaurant Steiner mit einem hochwertigen Mix aus Südtiroler Klassikern und italienischen Spezialitäten. Ein Glas Wein darf es dazu auch sein. Gastgeberin und Sommeliér Claudia Pfeifer entführt Sie bei einer Verkostung gern in die Welt der edlen Trauben – auch aus eigenem Anbau.

Buchen Sie jetzt Ihren Aufenthalt zu zweit, als Familie, mit Freunden oder in großer Runde. Im Hotel Campingpark Steiner finden alle Generationen den perfekten Urlaubsort für sich.

STEINER

Hotel | Restaurant | CampingPark | Bungalows

T. +39 0471 954 225
www.hotelsteiner.com
T. +39 0471 950 105
www.campingsteiner.com

J.-F.-Kennedy-Straße 32
I-39055 Leifers

Konzentriertes Arbeiten im Multisprachzentrum und ungezwungener Austausch in der Papperlapapp-Sprachlounge

zu Verkehrsschildern und Speisekarten, die häufig dreisprachig sind. Auch die 1997 gegründete Universität Bozen war eine der ersten in Europa mit dreisprachigem Unterricht.

VIELFALT, DIE SICH AUSZAHLT

Aus einem kleinen, isolierten, armen Bauernvölkchen ist längst eine Region geworden, in der schon die Kinder in der Schule mehrere Sprachen lernen. Auch im Bozner Sprachcafé Papperlapapp treffen sich Jugendliche gern zum Sprachenaustausch. Hier ist der Name Programm: Keiner muss Angst haben, Fehler zu machen, schließlich gehören Missverständnisse zum Alltag. „Die Grenzen meiner Sprache sind die Grenzen meiner Welt", erkannte schon der Philosoph Ludwig Wittgenstein. Deshalb will man mit der Mehrsprachigkeit heute vor allem auch das Verständnis für unterschiedliche Kulturen fördern.

Reinhold Messner beispielsweise wird nicht müde, Südtirol als positives Beispiel für Europa ins Feld zu führen; als Option, auch in schwierigen Zeiten zu bestehen, wenn man sich als Gemeinschaft fühlt. Wer in Südtirol lebt, weiß, dass alpine Bodenständigkeit und mediterrane Lebensart keine Gegensätze sind, sondern eine einzigartige Vielfalt ergeben, für die man im Ausland bewundert wird.

Doch kulturelle Autonomie ist nur das eine. Ohne wirtschaftliche Unabhängigkeit wären Südtirols Unternehmen nie so erfolgreich geworden. Etwa neunzig Prozent seiner Steuereinnahmen darf das Land in die eigene Wirtschaft reinvestieren, sodass das Pro-Kopf-Einkommen der Bürger inzwischen um fünfzig Prozent über dem Durchschnitt Italiens liegt.

DIGITALE NOMADEN

„Die Südtiroler sind ein Bauernvolk, das speist man nicht mit Utopien", sagt Letizia Ragaglia. Im Bereich Kulturvermittlung leitete die ehemalige Direktorin des Bozner Museion viele Jahre Workshops für junge Menschen und hat dabei festgestellt, dass sich deren Heimatbegriff stark verändert hat. „Als digitale Nomaden nehmen sie sich von jeder Kultur nur das, was ihnen in den Kram passt." Obendrein sammeln junge Südtiroler Erfahrungen im Ausland. Anders als früher kehren sie glücklicherweise zurück und bereichern das Land mit neuen Ideen. Heutzutage liegt es an jedem selbst, ob er neben seinem regionalen Selbstverständnis auch die Chancen der kulturellen Vielfalt nutzt und bereit ist, über den Rand seines Tales hinauszuschauen, sich vielleicht gar als Weltbürger zu fühlen. Viele junge Südtiroler tun genau das.

Adressen für kulturelle Vielfalt

Das **Multisprachzentrum** ist Teil des Kulturzentrums Trevi: Kapuzinergasse 28, Bozen, https://sprachen.provinz.bz.it/de/multisprachzentrum-bozen
Zum Multisprachzentrum gehört die **Sprachenmediathek Meran**: Sandplatz 10, https://sprachen.provinz.bz.it/de/sprachen mediathek-meran
Das **Sprachcafé Papperlapapp** sitzt im Bozner Jugendzentrum: Pfarrplatz 24, www.papperla.net

In der Provinz Bozen fördert das **Istitut Ladin Micurá de Rü** in St. Martin in Thurn die ladinische Sprache und Kultur (s. S. 61).

Anzeige

Ratschings

Drei Täler für dein unvergessliches Urlaubserlebnis

Sport und Abenteuer, Entspannung und Ruhe oder doch lieber Genuss und Tradition? Keine Sorge, bei uns musst du dich nicht entscheiden – egal worauf du deinen Fokus in der Urlaubsgestaltung legst, in Ratschings hast du die Qual der Wahl!

Unsere Ferienregion bietet unzählige Möglichkeiten; ob zu zweit, als Familie oder ganz individuell, jeder Tag hält ein neues Erlebnis bereit!

visitratschings
www.ratschings.info

Sommer: **Natur spüren und Weite genießen**

Wenn die Berge in sattem Grün leuchten, beginnt in Ratschings die Zeit für Wanderlust und Gipfelglück. Ob sanfte Almwanderung oder sportliche Tour auf über 3.000 Meter – das Wegenetz bietet für alle etwas. Drei neue 360°-Panoramaplattformen eröffnen spektakuläre Ausblicke und laden zum Staunen ein. Abenteuerlustige lockt der neue Ibex-Klettersteig oder das Becherhaus – das höchstgelegene Schutzhaus der Region – das über dem Ridnauntal thront.

Familien entdecken die Natur in der BergErlebnisWelt: Wasserspiele, Kletterstationen und lehrreiche Naturstationen sorgen für Spiel, Spaß und Staunen. Dank moderner Bergbahnen gelangt man mühelos in luftige Höhen – mitten hinein ins Sommerglück.

Winter: **Zeit für Ruhe und Abenteuer**

Wenn Schnee die Landschaft bedeckt und Eiskristalle in der Sonne glitzern, zeigt sich Ratschings von seiner stillen, magischen Seite. Im Skigebiet Ratschings-Jaufen erwarten dich 28 Kilometer bestens präparierte Pisten für alle Ansprüche – sonnig, abwechslungsreich und familienfreundlich.

Abseits der Pisten verläuft ein Netz aus 40 Kilometern Langlaufloipen durch verschneite Wälder und über freie Flächen. Winterwanderwege laden zum Innehalten ein. Für Skitourengeher bietet die Region 15 markierte Routen – mit gut ausgestatteten Startpunkten, Infotafeln, Parkplätzen und LVS-Checkpoints. Ratschings im Winter – das ist Stille, Weite und Natur pur.

Tradition & Kultur: **Echtes Brauchtum erleben**

Ratschings lebt seine Traditionen mit Hingabe. Besonders im Herbst, wenn geschmückte Kühe beim Almabtrieb ins Tal zurückkehren, wird das Brauchtum zum Fest. Musik, Tracht und Gastfreundschaft füllen die Dörfer mit Leben.

Wer tiefer eintauchen möchte, besucht das Bergbaumuseum in Maiern oder Schloss Wolfsthurn, das Landesmuseum für Jagd und Fischerei in Mareit – ein barockes Juwel inmitten der Berge, das Geschichte lebendig macht.

HIGHLIGHT

Die Gilfenklamm – **Natur hautnah**

Ein unvergessliches Erlebnis bietet die Gilfenklamm – ein Naturwunder aus tosenden Wasserfällen, weißem Marmor und abenteuerlichen Stegen.

Die rund einstündige, familienfreundliche Wanderung durch die Schlucht ist ein echtes Highlight – wild, erfrischend und beeindruckend.

Maßstab 1:200.000
BRUNICO
BRUNECK
San Lorenzo
Sankt Lorenzen
Campo Tures
Sand in Taufers
Gais
Chienes
Kiens
Falzes
Pfalzen
Valdaora-e-Olang
Monguelfo-G
Welsberg
Tesido
Taisten
Rasun Anterselva
Rasen-Antholz
Dobbiaco
Toblach
San Candido
Innichen
Sesto
Sexten
Villabassa
Niederdorf
Braies
Prags
Marebbe
Enneberg
Mareo
San Martino
St. Martin/S. Martin
La Valle
Wengen/La Val
Badia
Lago di Braies
Pragser Wildsee
Tre Cime
Drei Zinnen
Parco Naturale
Fanes-
Sennes-Braies
Naturpark
Fanes-Sennes
Parco Naturale
delle
Dolomiti
d'Ampezzo
Dolomiti di Sesto
Sextner Dolomiten
Parco Naturale
Puez
Odle
Rieserferner
Ahrn
Naturpark
Sankt Jakob
Passo di Stalle
Staller Sattel
Plan de Corones
Kronplatz
Passo di Monte Croce di Comelico
Kreuzbergpass
Sillian
Heinfels
Terento
Terenten
Selva dei Molini
Mühlwald
Luson
Lüsen
1
2
3
4
5
6

GRÜNES TAL MIT HOHEN WÄNDEN

Waren schon die historischen Wurzeln des Pustertals bajuwarischer Natur, so strebt das Tal – anders als die großen Täler Südtirols – auch noch als einziges in Richtung Osten. Landschaftliche Vielfalt ist dabei garantiert, denn Wiesen und Wälder treffen direkt auf die schroffen Spitzen der Sextner Dolomiten.

1 St. Lorenzen

Von der römischen Siedlung Sebatum in St. Lorenzen (3900 Einw.) sind Grundmauern erhalten, Fundstücke werden im **Archäologiemuseum Mansio Sebatum** gezeigt (Josef-Renzler-Str. 9, www.mansio-sebatum.it; Juli/Aug. Mo.–Sa. 9.00 bis 13.00, 15.00–18.00, sonst Mo.–Fr. 9.00–12.00, 15.00–18.00 Uhr, Sa. nur vorm.). Stattliche alte Häuser zeugen im Ort davon, dass die schon von Weitem zu sehende Kloster- und Burganlage der **Sonnenburg** (heute Hotel) als ehemalige Missionsstation für die Christianisierung des Pustertals eine wichtige Rolle spielte.

UNTERKUNFT
Schon im Burghof von **€€€€ Schloss Sonnenburg** (https://castelbadia.com; derzeit im Umbau) duftet es nach Heilkräutern aus den wiederhergestellten Apothekergärten des Klosters. Man wandelt durch gotische Bogengänge, schläft in Fürstenzimmern, genießt Wellness unter Kreuzgewölben und den schönen Park mit Pool.

INFORMATION
Tourismusverein St. Lorenzen,
Josef-Renzler-Str. 9, I-39030 St. Lorenzen,
Tel. +39 0474 53 81 96, www.stlorenzen.eu

Tipp

Speckhimmel

Die historische Stadtgasse Brunecks zählt zu den beliebtesten Einkaufsstraßen des Landes. Umso verlockender, wenn es hier in einen Gewölbekeller hinuntergeht, wo der ganze Himmel voll Speck hängt, den man auch noch probieren darf. Während oben im Ladengeschäft von Tito Schinken, Speck und Käse verkauft werden – ausschließlich aus heimischer Produktion –, erfährt man unten im Speckmuseum etwas über Herstellung, optimale Lagerung und richtige Schneidetechnik.

Stadtgasse 55 a, I-39031 Bruneck,
Tel. +39 0474 55 50 78,
www.titospeck.it

Kronplatz: MMM Corones; Spiegelsaal im Museum Lumen. Bruneck: Werksverkauf der Tuchfabrik Moessmer.

2 Bruneck

Der Brixner Bischof Bruno gründete die Stadt 1250, um den Tiroler Fürsten in St. Lorenzen Paroli zu bieten. 1870 kamen mit der Eisenbahn die ersten Touristen ins Pustertal, dessen Zentrum Bruneck (17 200 Einw.) heute ist, mit viel mittelalterlichem Charme in belebten Gassen.

SEHENSWERT
Durch das mit Fresken geschmückte Ursulinentor beim gleichnamigen Kloster gelangt man in die Altstadt. Lauben gibt es hier keine, dafür mit der Stadtgasse eine der schönsten Flaniermeilen des Landes. Im Doppelhaus Nr. 29 hatte der Maler und Bildhauer Michael Pacher ab 1435 seine Werkstatt.
Auf Schloss Bruneck ist das **Messner Mountain Museum MMM Ripa** eingezogen (Schlossweg 2, www.messner-mountain-museum.it; 2. So. im Mai–1. So. im Nov. und 7. Dez.–25. April Mi.–Mo. 10.00–18.00 Uhr), das die Lebensweise der wichtigsten Bergkulturen der ganzen Welt zeigt. Die **Tuchfabrik Moessmer** am südöstl. Stadtrand stattete schon Kaiser Franz Josef mit Loden aus (Ladenverkauf: Walter-von-der-Vogelweide-Str. 6, www.moessmer.it).

UNTERKUNFT/RESTAURANTS
Architektonisch spektakulär ist das von Matteo Thun entworfene, 2021 nahe der Talstation der Kronplatz-Seilbahn eröffnete **€€€€ Falkensteiner Hotel Kronplatz** (Seilbahnstr. 1 c, Reischach/Bruneck, Tel. +39 0474 86 24 00, www.falkensteiner.com).
€€€€ Hotel Hubertus in Olang: s. S. 23.
Im **€€€€ Atelier Moessmer Norbert Niederkofler** (Walther-von-der-Vogelweide-Straße 17, https://ateliernorbertniederkofler.com) hat der Drei-Sterne-Koch mit seinem kulinarischen Konzept „Cook the Mountain" sein Zuhause. Im Lumen-Museumsrestaurant **€€€ AlpiNN** (Tel. +39 0474 43 10 72, https://alpinn.it) auf dem Kronplatz serviert er auch einfache Antipasti.

UMGEBUNG
Hausberg der Region ist der **Kronplatz** (2275 m, www.kronplatz.com, www.dolomitisuperski.com), ein beliebtes Wander- und Wintersportrevier. Das futuristisch anmutende **MMM Corones TOPZIEL**, entworfen von Zaha Hadid, dokumentiert 250 Jahre Alpinismusgeschichte (www.messner-mountain-museum.it). Gleich nebenan widmet sich das moderne Museum **Lumen**

(www.lumenmuseum.it; beide tgl. 10.00–16.00 Uhr; nur bei Seilbahnbetrieb auf den Kronplatz) der Geschichte der Bergfotografie von historischen Aufnahmen bis zu digitalen Innovationen. Führungen durch die Latschenölbrennerei bietet **Bergila** an (9 km westl.; Weiherplatz 8, I-39030 Pfalzen/Issing, www.bergila.com).

INFORMATION
Bruneck Kronplatz Tourismus, Rathausplatz 7, I-39031 Bruneck, Tel. +39 0474 55 57 22, www.bruneck.com

3 Pragser Wildsee

Der **Pragser Wildsee** **TOPZIEL**, der wegen seiner einzigartigen Lage und der intensiven Farbe auch als „Perle der Dolomitenseen" bezeichnet wird, zählt zu den schönsten und meistbesuchten Seen Italiens. Im Hochsommer ist auf dem Wanderweg (4 km) um den See so viel los, dass die Besucherzahl auf 5000 Tagesgäste begrenzt wurde. Vom 10. Juli bis 10. Sept. bleibt die Zufahrt ins Pragser Tal für Privatfahrzeuge nur so lange offen, bis die Parkplätze dort belegt sind (Online-Reservierung: www.prags.bz; Beschränkungen gelten nicht für Hotel- und Restaurantgäste). Mit dem Linienbus 442 von Toblach/Niederdorf, zu Fuß (von Schmieden in 1,5 Std.) oder mit dem Rad (Verleih in Prags, Niederdorf, Welsberg) gelangt man jederzeit zum See. Mehr Ruhe finden Wanderer im weitläufigen **Naturpark Fanes-Sennes-Prags**.

Tipp

Nördlichster Talschluss

Im Tauferer Ahrntal, dem nördlichsten Tal Südtirols, gilt der Talschluss in Kasern (40 km nordöstl. von Bruneck) als einer der schönsten des Landes. Mystisch ist das Tal obendrein. Beim Waldnersee handelt es sich um einen sogenannten „brüllenden See", der Unwetter ankündigt. Und das Heiliggeist-Kirchlein birgt ein zerschossenes Kruzifix, an dessen Christusfigur der Sage nach ein Schütze seine Treffsicherheit erprobte und starb. Ein hinter der Kirche aufragender Felsen schützt den Wallfahrtsort vor Lawinen, und wer sich durch den engen Felsspalt zwängt, kann damit angeblich seine Sünden abstreifen.

www.ahrntal.com

Hochpustertal: ideal für Wanderungen; Toblach: Luxusboutique Franz Krale; Naturparkhaus Drei Zinnen

UNTERKUNFT
Durch die Räume im €€€ **Hotel Pragser Wildsee** (St. Veit 27, www.lagodibraies.com) weht noch immer die Aura des einstigen Grandhotels, das 1897 direkt am See erbaut wurde.

UMGEBUNG
Ab Welsberg zieht sich das **Gsieser Tal** (www.gsieser-tal.com), ein Seitental des Pustertals, über 22 km bis zum Gsieser Törl. Im Tal leben bis heute mehr Kühe als Menschen (2300 Einw.). Wiesen und stattliche Bauernhöfe prägen das noch ursprüngliche Landschaftsbild. Fast im Talschluss liegt das €€€€ **Hotel Quelle** (Magdalenastr. 4, Gsieser Tal, www.hotel-quelle.com) mit 5000 m² großem Wellnessbereich, 12 Themensaunen und einer Schneegrotte. Über den Suitenbetten sorgt ein sanft leuchtender Sternenhimmel für wohliges Einschlafen.

INFORMATION
Tourismusverein Pragser Tal, Außerprags 78, I-39030 Prags, Tel. +39 0474 74 86 60, www.pragsertal.info

4 Toblach

Das Toblacher Feld (1222 m) ist der höchste Punkt des Pusterer Talbodens. Über den unscheinbaren Sattel verläuft die Grenze zwischen Italien und Österreich. Dank seiner Lage am alten Handelsweg Strada d'Alemagna machte Toblach (3400 Einw.) schon im Mittelalter gute Geschäfte; die Straße verband die Wirtschaftszentren Venedig und Augsburg. Prominentester Toblachurlauber war Gustav Mahler, dem heute Musikwochen gewidmet sind.

SEHENSWERT
Der imposante Bau des ehemaligen **Grandhotels** erinnert an die große Zeit Toblachs als Reiseziel für die Sommerfrische. In der 1878 eröffneten Nobelherberge stieg der europäische Hochadel ab, darunter der deutsche Kronprinz Friedrich Wilhelm und König Albert von Sachsen. Im Speisesaal, in dem einst Gustav Mahler mit Richard Strauss speiste, machen sich heute Rucksacktouristen breit, denn das Grandhotel ist zur Jugendherberge mutiert.
Unter demselben Dach finden sich das Toblacher Kulturzentrum und das **Naturparkhaus Drei Zinnen** (Dolomitenstr. 37, http://naturparks.provinz.bz.it; Jan.–März, Mai–Okt. Di.–Sa. 9.30 bis 12.30, 14.30–18.00 Uhr, Juli–Sept. auch So.).

VERANSTALTUNG
In dem Gustav Mahler gewidmeten Konzertsaal des ehemaligen Grandhotels finden seit 1981 die **Gustav-Mahler-Musikwochen** statt (www.gustav-mahler.it; Mitte Juli–Anfang Aug.).

RESTAURANT
Im Garten des ehem. Grandhotels beherbergt ein Glaskubus mit nur 12 Sitzplätzen das mit einem Michelin-Stern ausgezeichnete Gourmetlokal €€€€ **Tilia** (Dolomitenstr. 31 b, www.tilia.bz). Chefkoch Chris Oberhammer legt Wert auf Produkte, die in der Nähe von Bergbauern angebaut oder aufgezogen werden.

UMGEBUNG
In Toblach zweigt die Zufahrtsstraße zum **Höhlensteintal** ab. Zwischen Toblacher und Dürrensee liegt in **Landro** (7 km südl.) der Aussichtspunkt Drei-Zinnen-Blick. Von hier kann man die legendären Nordwände perfekt ins Visier nehmen.

INFORMATION
Tourismusverein Toblach, Dolomitenstr. 3, I-39034 Toblach, Tel. +39 0474 97 21 32, www.toblach.info

5 Innichen

Die vielen Kirchen und Kapellen des alten Klosterortes (3350 Einw.) werden überragt von der zackigen Bergkette der Sextner Dolomiten. Die **Stiftskirche Innichen** gilt als bedeutendster romanischer Sakralbau in den Ostalpen. Glanzstück ist die stilistisch strenge Kreuzigungsgruppe (1250) im Altarraum. Der Domschatz wird im **Stiftsmuseum** neben der Kirche gezeigt (Atto-Str. 2, Tel. +39 0471 97 29 12; Juli bis Mitte Sept. Di.–Sa. 14.00–19.00 Uhr). Am westl. Stadtrand liegt das **Außerkirchl** (17. Jh.), drei ineinander verschachtelte Kapellen mit Nachbildungen der Altöttinger Gnadenkapelle und der Grabeskirche in Jerusalem.

INFORMATION
Tourismusverein Innichen, Pflegplatz 1, I-39038 Innichen, Tel. +39 0474 91 31 49, www.innichen.it

6 Sexten

Der Ort (1890 Einw.) ist als das Dorf der Bergführer bekannt. Bereits 1869 bestieg der Sextner Gamsjäger Franz Innerkofler mit einem Gast erstmals die Große Zinne.

MUSEUM
Im Ersten Weltkrieg lag Sexten unmittelbar an der Dolomitenfront. Heute gibt das Museum **Bellum Aquilarum** einen Einblick in das Geschehen (Kirchweg 9, www.bellumaquilarum.it; freier Zugang; Juli–Sept. Di., Do., Sa. 16.00 bis 18.00 Uhr geführte Wanderungen zu den Stätten: Tel. +39 0474 71 22 44, kostenlos).

ERLEBEN
Das **Sextental**, ein Seitental des Pustertals, führt von Innichen südöstl. in die Dolomiten. Im Tal liegen die Orte Sexten und Moos, wo das **Fischleintal** (autofrei) Richtung Süden abzweigt. Hier hat man beim Wandern einen guten Blick auf die berühmte **Sextner Sonnenuhr**, deren Berggipfel je nach Stand der Sonne die Uhrzeit anzeigen: Neuner, Zehner, Elfer, Zwölfer und Einser. Vom Fischleintal gibt es auch einen guten Zugang zu den **Drei Zinnen** TOPZIEL, dem magischen Dreigestirn aus Kleiner (2857 m), Großer (2999 m) und Westlicher Zinne (2973 m).

UNTERKUNFT
Das Wellnesshotel €€€€ **Bad Moos** (Fischleintalstr. 27, Tel. +39 0474 71 31 00, www.badmoos.it) direkt am idyllischen Eingang ins Fischleintal nutzt das heilkräftige Wasser einer eigenen Schwefelquelle, die hier schon seit 1765 sprudelt. Im 2500 m² großen Wellnessbereich gibt es neben Trinkkuren auch Schwefelbäder im Holzzuber. Außerdem werden Pferde- und Kutschfahrten in die Umgebung angeboten.

INFORMATION
Tourismusverein Sexten, Dolomitenstr. 45, I-39030 Sexten, Tel. +39 0474 71 03 10, www.sexten.it

MAGIE DER ZACKENBERGE

Pinguinparade nennen die Bergführer augenzwinkernd das, was sich regelmäßig bei der Ankunft mit einer Wanderergruppe am Paternsattel ereignet. Alle reihen sich hier wie die Pinguine auf, um nach über einer Stunde Gehzeit endlich den ersehnten Blick auf die berühmte Nordseite der Drei Zinnen zu genießen und das Bild mit der Handykamera festzuhalten. Die markanten Zacken formen das Wahrzeichen der Dolomiten: drei aufeinanderfolgende Felsen, die wie Reißzähne aufragen.

Die Umrundung zählt zu den attraktivsten Wandertouren in den Dolomiten, denn auf dem relativ flachen Hochplateau ist sie auch für Familien gut zu bewältigen. Bergeinsamkeit darf man hier im Sommer allerdings nicht erwarten. Bis zu 2000 Besucher täglich pilgern zur Dreizinnenhütte am nördlichen Scheitelpunkt der Runde.

Die Dreizinnenhütte auf 2405 Meter Höhe bietet sich für die „Halbzeitpause" an.

Auf Geübte warten dort Klettersteige am Paternkofel, mit pittoresken Felstunneln, fantastischen Gucklöchern und Ausblicken auf die Nordwände. Viele der Trassen sind noch Überreste aus dem Ersten Weltkrieg. Wem für eine Via ferrata die Kondition, Trittsicherheit oder Ausrüstung fehlt, der macht sich nach einer Marende, einer Südtiroler Brotzeit, ausgeruht und gestärkt auf zur zweiten Hälfte der Runde.

Anfahrt: Von Toblach über den Misurinasee bis zum Parkplatz Auronzohütte (Zufahrtsstraße Ende Mai–Mitte Okt. geöffnet, 30 €/Pkw). Umweltfreundliche Alternative: Shuttlebus vom Busbahnhof Toblach zur Auronzohütte (Fahrzeit ca. 1 Std., Vorab-Online-Reservierung erforderlich: www.drei-zinnen.bz/de/ticket).

Rundwanderung: Von der Auronzohütte über Lavaredohütte, Paternsattel, Dreizinnenhütte, Langalm zurück zur Auronzohütte. Streckenlänge ca. 9 km, Höhenunterschied ca. 500 m, reine Gehzeit ca. 4 Std.

Klettersteige am Paternkofel: Nur für erfahrene Bergwanderer mit Steigset, Helm und Stirnlampe!

Organisierte Touren: Alpinschule Drei Zinnen, Dolomitenstr. 45, Sexten, Tel. +39 0474 71 21 56, www.alpinschule-dreizinnen.com

Besondere Winteraktivitäten

LET IT SNOW!

Mit seinen Gebirgslandschaften und herrlichen Hochplateaus eignet sich Südtirol im Winter nicht nur zum klassischen Skifahren. An der frischen Luft kann man hier gemächlich oder sportlich unterwegs sein. Und wem es in freier Natur besonders gut gefällt, der darf sogar im Iglu übernachten.

1 Auf Schlittschuhen um die Dorfkirche

Der einsam im Reschensee stehende Kirchturm des versunkenen Dorfes Alt-Graun ist an sich schon kurios. Im Winter kann man ihn sogar auf Schlittschuhen, als Snowkiter oder Eissegler umrunden. Im Januar und Februar ist der zugefrorene Reschensee ein beliebtes Ziel der internationalen Eisschnelllaufszene. Urlauber und andere Eislaufamateure können es den Profis nachtun. Schlittschuhe sind vor Ort auszuleihen.

Tourismusverein Reschenpass, Hauptstraße 22,
I-39027 Reschen,
Tel. +39 0473 63 31 01,
www.reschenpass.it

2 Langlaufen am Gletscher

Im Schnalstal kann man langlaufen wie die Profis, die gern im Gletscherskigebiet trainieren. Die 3 km lange Hochjoch-Loipe auf rund 3000 m Höhe ist als einzige in Südtirol oft schon ab Oktober geöffnet. Mit dem speziellen Langlaufticket fahren Wintersportler mit der Gletscherbahn und dem Sessellift Grawand direkt bis zur Höhenloipe.

Tourismusverein Schnalstal,
Karthaus 42,
I-39020 Schnalstal,
Tel. +39 0473 67 91 48,
www.schnalstal.it

3 Eisklettern

Im hinteren Passeiertal steht eine der größten und spektakulärsten Eiskletteranlagen Europas. Der 25 m hohe Eisturm Rabenstein ist für Profis wie Anfänger geeignet. Bis zu 18 Sportler können hier gleichzeitig klettern. Von Mitte Dezember bis Ende Februar herrschen für das Eisklettern in Südtirol die besten Bedingungen. Die nötige Ausrüstung kann vor Ort ausgeliehen werden.

Eisturm Rabenstein,
Rabenstein 22/A,
I-39013 Moos in Passeier,
Tel. +39 320 4 63 45 16,
www.eisklettern.it

4 Rodeln unterm Sternenhimmel

Kribbeln im Bauch ist garantiert, wenn man im fahlen Mondlicht auf Talfahrt durch die Landschaft rauscht. An Vollmondwochenenden bringt die Kabinenbahn in Reinswald im Sarntal Rodelbegeisterte jeweils von 20.00 bis 22.00 Uhr auf die Pichlberg-Alm auf 2150 m Höhe, zum Start der 4,5 km langen familienfreundlichen Naturrodelbahn. Holzschlitten können beim Skiverleih Reinswald an der Talstation geliehen werden (www.skireinswald.com).

Tourismusverein Sarntal,
Kirchplatz 9,
I-39058 Sarnthein,
Tel. +39 0471 62 30 91,
www.sarntal.com

5 Mit dem Pferdeschlitten zum Candle-Light-Dinner

In weiche Decken gehüllt und von einer Tasse Glühwein gewärmt, geht es von Compatsch mit einer romantischen Pferdeschlittenfahrt über die tief verschneite Seiser Alm bis hinauf zur Gostner Schwaige. Dort erwartet Haubenkoch und Hüttenwirt Franz Mulser die Gäste mit einem Candle-Light-Dinner. Zum Abschluss geleiten Fackeln sie auf dem Rückweg.

Gostner Schwaige,
Saltria 13,
I-39040 Seiser Alm,
Tel. +39 347 8 36 81 54,
www.aussergost.com

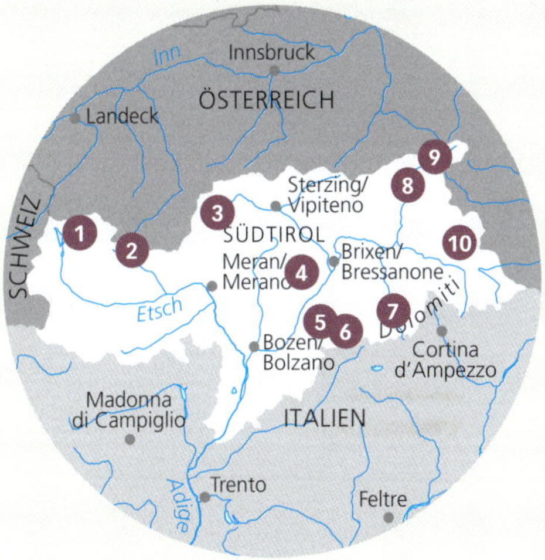

6 Tourengehen vor Dolomitenkulisse

Unterwegs in der Weite von Europas größter Hochalm, die Dolomitengipfel vor Augen, das ist einzigartig. Auf Skiern bahnen sich Tourengeher ihren Weg durch die zauberhafte Winterlandschaft der Seiser Alm. Für Tiefschnee-Feeling sollte man unbedingt an einer geführten Tour teilnehmen. Ein Lawinen-Verschütteten-Set ist auch bei leichten Exkursionen Pflicht.

Alpenverein Südtirol AVS, Giottostraße 3, I-39100 Bozen, Tel. +39 0471 97 81 41, www.alpenverein.it

7 Gourmet-Skisafari

Weltbekannt ist die Umrundung des Sella-Gebirgsstocks auf der Sellaronda (s. S. 61). Bei einer gastronomischen Skisafari mit Hüttenhopping verwöhnen Gourmetköche aus Alta Badia zusammen mit Kollegen aus anderen italienischen Regionen von Dezember bis April die Besucher verschiedener Skihütten in der einzigartigen Dolomitenlandschaft mit eigens kreierten Gerichten.

Tourismusbüro Badia, Str. Pedraces 29/A, 39036 Abtei (Badia), Tel. +39 0471 83 96 95, www.altabadia.org, www.sellaronda.com

8 Eine Nacht im Iglu

Sobald die Pistenraupen Feierabend machen, wird es still und einsam auf dem Speikboden in 2000 m Höhe. Für eine romantische Nacht im Iglu liegen dann dicke Schaffelle, mollige Schlafsäcke und Wärmflaschen bereit. Davor kann man in der Mountain-Sauna ein Bad im Holzzuber nehmen und ein mehrgängiges Menü im Restaurant der Bergstation genießen.

Kreaktiv KG, Industriestraße 2, I-39032 Sand in Taufers, Tel. +39 0474 77 14 89, www.kreaktiv.it

9 Erste Spuren im Schnee

Schöner kann der Skitag nicht beginnen, als wenn man seine Schwünge als Erster auf noch unberührtem Untergrund ziehen darf. Schon ab 8.30 Uhr surren die Gondeln am Klausberg in Richtung Schneehimmel. Ein Lehrer der Skischule Klausberg (Kronplatz) begleitet die exklusive Runde zu den schönsten Abfahrten bis auf 2500 m Höhe. Die Teilnehmer sollten rote Pisten bewältigen können. Anschließend geht es zum Frühstück in die Kristallalm.

Skiarena Klausberg, Enz Schachen 11, I-39030 Steinhaus/Ahrntal, Tel. +39 0474 65 21 55, www.skiworldahrntal.it

10 Im Heißluftballon über die Dolomiten

Über die malerischen Dolomiten des Hochpustertals hinwegzuschweben ist ein wirklich atemberaubendes Abenteuer. Eine sogenannte Weitfahrt in extremer Höhe mit Panoramaaussicht auf die Dolomitenformationen ist nur im Winter möglich. Während des Balloonfestivals im Januar finden in Toblach eine Woche lang täglich Ballonfahrten statt.

ASV Dolomiti Balloonfestival, Pustertalerstraße 15, I-39034 Toblach, Tel. +39 0474 97 21 32, www.balloonfestival.it

HILFREICH & NÜTZLICH

Wie komme ich hin? Welches Wetter erwartet mich? Wann ist Hauptsaison? Hier haben wir viele praktische Informationen für Ihre Südtirolreise zusammengestellt.

Unerlässlich sind die zahlreichen Bergbahnen für Südtirol, wie die Rittner Horn Seilbahn hinauf zur Schwarzseespitze.

Anreise/Auskunft

Alles Wichtige zur Anreise nach Südtirol nennt: **www.suedtirol.info/de/de/information/mobilitaet-und-barrierefreiheit,** z. B. zum Erwerb einer österreichischen Autobahnvignette online oder eines Telepass für italienische Autobahnen; die Website informiert über Ladesäulen fürs E-Auto, auch über die Anreise mit Bahn, Bus oder Flugzeug, Gepäckversand, Nachtzug oder Shuttle-Service „Südtirol Transfer" für die letzten Kilometer zwischen Bahnhof, Fernbushaltestelle, Flughafen und Unterkunft.

Reisepapiere: Reisenden aus Deutschland, Österreich und der Schweiz genügt ein Personalausweis. Kinder brauchen einen eigenen Ausweis.

Der Tourismusdachverband **IDM**, Innovation Development Marketing Südtirol, informiert über sämtliche Orte und Täler (Pfarrplatz 11, I-39100 Bozen, Tel. +39 0471 09 40 00, www.suedtirol.info/de/de/regionen).

Autofahren

Auf Autobahnen und Schnellstraßen in Italien muss man tagsüber mit **Abblendlicht** fahren. Das **Tempolimit** liegt innerorts bei 50 km/h, außerorts für Pkw, Motorräder und Wohnmobile bis 3,5 t bei 90 km/h, auf Schnellstraßen (zwei Spuren pro Richtung) bei 110 km/h, auf Autobahnen bei 130 km/h. Wohnmobile über 3,5 t dürfen außerorts und auf Schnellstraßen maximal 80 km/h fahren, auf Autobahnen 100 km/h; Pkw mit Anhänger außerorts und auf Schnellstraßen 70 km/h, auf Autobahnen 80 km/h.

Auf der **Brennerautobahn** besteht ein generelles Limit von 110 km/h. Wer zu schnell fährt, muss mit hohen Geldstrafen rechnen.

Außerhalb geschlossener Ortschaften sind **Pannenwesten** Pflicht. Die **Promillegrenze** liegt bei 0,5.

Auf den **Passstraßen** können schon im Herbst bzw. noch im Frühling Verhältnisse herrschen, die Winterausrüstung erfordern. Über die Befahrbarkeit informieren Automobilclubs wie der ADAC sowie Hinweistafeln an den großen Zufahrtsrouten. Einige Passstraßen sind mautpflichtig.

Unentgeltliches **Parken** ist in größeren Orten nahezu unmöglich. Kostenpflichtige Parkplätze sind mit blauer Farbe gekennzeichnet, weiß umrandete Parkplätze zwar gratis, aber oft Anwohnern vorbehalten. Bei schwarz-gelben Bereichen besteht Halteverbot. Ein 24-Std.-Ticket in einer Tiefgarage im Zentrum Bozens oder Merans schlägt mit ca. 20 € zu Buche.

Wer in Italien ein **Auto mieten** möchte *(noleggio)*, muss mindestens 21 Jahre alt sein, den Führerschein mindestens seit einem Jahr besitzen und Eigentümer einer Kreditkarte sein. Bei internationalen Autovermietern bucht man in der Regel billiger von Deutschland aus (www.autoeurope.de).

Info

Daten & Fakten

Geografie und Naturraum: Südtirol hat eine Fläche von 7400 km², wovon 80 % gebirgig und 44 % bewaldet sind. Es grenzt im Norden und Osten an die österreichischen Bundesländer Tirol und Salzburg, im Süden an die Provinzen Venetien und Trient, im Südwesten an die Lombardei und im Westen an den Schweizer Kanton Graubünden.

Die Vegetationszonen reichen von Palmen und Weingärten in den submediterranen Tallagen über dichte Laub- und Nadelwälder bis hinauf in hochalpine, teils vergletscherte Regionen. Höchster Berg: Ortler (3905 m). Größter Badesee: Kalterer See (1,47 km²). Längste Flüsse: Etsch (138 km), Eisack (100 km), Rienz (84 km; jeweils nur die Strecken in Südtirol). Neben dem Nationalpark Stilfserjoch sind die Naturparks Schlern-Rosengarten, Texelgruppe, Puez-Geisler, Fanes-Sennes-Prags, Trudner Horn, Drei Zinnen und Rieserferner-Ahrn ausgewiesen.

Bevölkerung: Südtirol hat ca. 530 000 Einwohner, ein gutes Viertel davon lebt in der Hauptstadt Bozen und in Meran. Die Bevölkerungsdichte beträgt 72,4 Einw./km². Es gibt drei offizielle Landessprachen: 69 % der Bevölkerung sprechen Deutsch, 26 % Italienisch und 5 % Ladinisch. Das Ladinische, eine rätoromanische Sprache, wird noch in den Dolomitentälern Gröden und Alta Badia gesprochen. Das Schulsystem in Südtirol ist nach Sprachen getrennt. Deutsch bzw. Italienisch wird als erste Fremdsprache unterrichtet. Der Ausländeranteil beträgt 10,6 % (57 000); mehr als die Hälfte stammen aus der EU. 98 % der Südtiroler sind römisch-katholisch.

Wirtschaft: Mit einer Arbeitslosenquote von 2,5 % herrscht nahezu Vollbeschäftigung. Das größte zusammenhängende Apfelanbaugebiet Europas erbringt jährlich ca. 1 Mio. Tonnen Äpfel, mehr als 10 % der europäischen Ernte. 98 % der Südtiroler Weine tragen die kontrollierte Ursprungsbezeichnung DOC. Südtirol erzeugt fast doppelt so viel elektrische Energie, wie es verbraucht, einen Großteil durch Wasserkraft.

Essen und Trinken

Die traditionelle Küche ist so deftig wie schmackhaft, eine Verbindung aus bodenständiger österreichischer und mediterran italienischer Kost.

Sehr beliebt sind die aus Nordtirol stammenden **Knödel** aller Art: Kas-, Servietten-, Spinat- und schwarzplentene Knödel (aus Buchweizen), Leber-, Speck- und Fastenknödel oder Marillen- und Zwetschgenknödel. Eine Südtiroler Spielart der italienischen Ravioli sind **Schlutzkrapfen.** Aus bäuerlicher Tradition stammt die **Marende**, eine Brotzeit aus Speck, Kaminwurz, Käse, Vinschgerl, Schüttelbrot und einem Glas Wein. Im Herbst laden viele Buschenschänken zum **Törggelen** ein (s. S. 72).

Ausgewählte Restaurantadressen finden sich auf den Infoseiten der einzelnen Kapitel. Dabei gelten folgende Preiskategorien:

Preiskategorien

€€€€	Hauptspeisen	über 25 €
€€€	Hauptspeisen	15–25 €
€€	Hauptspeisen	10–15 €
€	Hauptspeisen	unter 10 €

Leitlhof
NATURHOTEL
3ZINNEN
KULINARIK
WELLNESS
NATUR
AKTIV
Dein Kraftplatz
INNICHEN / SAN CANDIDO (BZ) / SÜDTIROL / ALTO ADIGE / T +39 0474 913440 / INFO@LEITLHOF.COM
LEITLHOF · DOLOMITEN · DREI ZINNEN
WWW.LEITLHOF.COM

Herrliche Wanderwege finden sich in Südtirol – hier im Talschluss des Ahrntals, bei der Heilig-Geist-Kapelle.

Feste und Feiertage

Höhepunkte des bäuerlichen Lebens waren in Südtirol seit jeher religiöse Feste, von denen viele noch fest im Alltag verankert sind. In etlichen Tälern blieben auch archaische Bräuche erhalten, die auf heidnische Mythen zurückgehen. An Ostern ist z. B. das **Osterpecken** oder **Preisguffen** beliebt. Nach dem Gottesdienst am Ostersonntag werden zwei gekochte und gefärbte Eier erst am spitzen, dann am flachen Ende zusammengeschlagen. Wessen Ei heil bleibt, der gewinnt beide Eier.
Am Donnerstag vor Fastnacht findet am Stilfserjoch das **Zusslrennen** statt, mit dem lautstark der Winter vertrieben werden soll. In ungeraden Jahren treibt in Tramin zur Fastnachtszeit der **Egetmann** sein Unwesen. Die Narren ziehen auf Pferdegespannen und Eselswagen durch den Ort, bewerfen die Zuschauer mit Mehl und Ruß und treiben ihre Streiche. Auf einen rätischen Feuer- und Fruchtbarkeitskult geht das **Scheibenschlagen** im Vinschgau zurück. Ein beliebter Ort dafür ist der Tartscher Bühel, wo am ersten Fastensonntag Holzscheiben mit Haselnussruten in die Glut gehalten und anschließend umhergeschwungen werden.
Am zweiten Sonntag nach Fronleichnam flackern Tausende Lichter über den abendlichen Tälern, zeichnen die Grate der Berge nach, formen meterhohe Kreuze und riesige Herzen. In Südtirol ist der heidnische Brauch der Sonnwendfeuer oder **Herz-Jesu-Feuer** eng mit der Historie des Freiheitskampfes verbunden.
Anfang/Mitte Juni findet rund um Kastelruth, Völs und Seis das Reiterturnier **Oswald-von-Wolkenstein-Ritt** in historischen Trachten statt.
Mit **Mariä Himmelfahrt** (15. Aug.) beginnt die Hauptferienzeit *(ferragosto)* in Italien, dann ist Südtirol ein beliebtes Ziel der südlichen Nachbarn. Vor allem im Sommer gibt es viele **Dorf- oder Stadtfeste** mit Verkostung regionaler Produkte.
Während des Advents wird es richtig laut im Sarntal, denn an den drei Donnerstagen findet das **Klöckeln** statt, bei dem vermummte Burschen mit Getöse von Hof zu Hof ziehen und das Klöckellied singen. Noch wilder geht es im Obervinschgau in Prad und Stilfs zu. Das ohrenbetäubende Treiben am Samstag vor Nikolaus mit Schellengeläut und Kettengerassel nennt sich **Klosn** oder Perchtenumzug.
Aktueller Veranstaltungskalender: www.suedtirol.info/de/erleben/events

Info

Geschichte

ca. 5000 v. Chr.: Erste Siedler nach dem Verschwinden der eiszeitlichen Gletscher.
15 v. Chr.: Die Römer nehmen die Region ein. Meilenstein ist der Bau der Kriegs- und Handelsstraße Via Claudia Augusta.
476 n. Chr.: Im Zuge der Völkerwanderung gelangen Goten, Franken, Langobarden und Bajuwaren über die Alpen.
um 1140: Die Grafen von Tirol bauen ihre Vorherrschaft aus. 1363 folgen die Habsburger, deren Herrschaft bis 1918 anhält.
1805: Napoleon besiegt Österreich, Tirol fällt an Bayern.
1809: Die Bauern unter Andreas Hofer erheben sich gegen Bayern, verlieren aber die entscheidende Schlacht am Bergisel.
1815: Österreich erhält Tirol zurück, muss aber nach dem Ersten Weltkrieg 1919 den südlichen Teil an Italien abtreten.
1922: Die Faschisten ergreifen unter Mussolini die Macht. Unterdrückung der deutschen Minderheit: deutsche Namen werden in italienische umbenannt, die deutsche Sprache verboten. Im Untergrund unterrichten ehem. Lehrer heimlich in „Katakombenschulen".
1935–1939: Hitler und Mussolini beschließen: Wer als Südtiroler nicht für die Rückkehr „heim ins Reich" optiert, muss italienischer Staatsbürger werden. 80 Prozent entscheiden sich für die Auswanderung.
1945: Bei der Friedenskonferenz in Paris wird entschieden, dass Südtirol bei Italien bleibt, aber Schutz und Gleichstellung der Südtiroler Minderheit garantiert werden.
1948–1956: Erstes Autonomiestatut: Trentino und Südtirol bilden eine autonome, italienisch dominierte Region. Rom fördert die Zuwanderung von Italienern.
1957: Auf Schloss Sigmundskron fordern 35 000 Südtiroler unter dem Motto: „Los von Trient!" die Autonomie Südtirols. In der „Feuernacht" vom 11. auf den 12. Juni 1961 werden Dutzende Hochspannungsmasten gesprengt.
1972: Zweites Autonomiestatut: Südtirols Rechte werden gestärkt, Deutsch wird zweite Amtssprache. Der komplette Maßnahmenkatalog wird jedoch erst 20 Jahre später erfüllt.
1991: Im Schnalstal wird die 5300 Jahre alte Gletschermumie Ötzi gefunden.
1998: Schengenabkommen: Zwischen Italien und Österreich entfallen die Grenzkontrollen.
2009: Die UNESCO erklärt die Dolomiten zum Weltnaturerbe.
2013: Bei der Landtagswahl verliert die Südtiroler Volkspartei (SVP) erstmals seit 1948 die absolute Mehrheit und bildet mit dem Partito Democratico (PD) eine Koalition.
2019–2024: regiert die SVP in einer Koalition mit der Lega.
2022: Südtirol wird die erste Alpenregion mit Tourismus-Obergrenze. Die Gesamtbettenzahl für Hotels, Pensionen, Gasthäuser und Privatanbieter ist auf 239 088 begrenzt.
2024: Die Regierungskoalition besteht nun aus SVP, Lega sowie Giorgia Melonis FDI, den Freiheitlichen und der volksnahen La Civica.
2026: Olympische Winterspiele in Mailand und Dolomiten, u. a. in Rasen-Antholz.

Geld

Italien gehört zur **Eurozone**. Für Gäste aus der Schweiz gilt z. Zt.: 1 € = 0,96 CHF bzw. 1 CHF = 1,03 €. **Banken** sind in der Regel Mo.–Fr. 8.30 bis 13.00 Uhr geöffnet. An Tagen vor Feiertagen *(prefestivi)* schließen die Banken mittags. An Geldautomaten *(bancomat)* kann man rund um die Uhr Geld abheben. **Sperrnotruf** bei Verlust der Bank- bzw. Kreditkarte: Tel. 0049 116 116 (außerhalb Deutschlands gebührenpflichtig) bzw. www.sperr-notruf.de.
In Italien sind Käufer verpflichtet, **Kassenbelege** *(ricevuta fiscale, scontrino)* zu verlangen und aufzubewahren. Es kann vorkommen, dass man nach Verlassen eines Geschäfts aufgefordert wird, die Quittung vorzuzeigen. Damit soll Steuerbetrug erschwert werden.

Gesundheit

Im Gebirge sollte man nicht allein unterwegs sein, denn in den Bergen ist der Handyempfang zum Anfordern von Hilfe nicht überall gewährleistet. Man sollte sein Ausflugsziel im Hotel kundtun. In höheren Regionen ist die UV-Strahlung selbst bei Nebel oder Wolken sehr hoch und ein entsprechender Sonnenschutz ratsam.

Anzeige

Versüßt das Leben, wärmt die Seele!

STILVOLL ENTSPANNEN, KULINARISCH GENIESSEN, HERZLICH EMPFANGEN – ERLEBEN SIE LUXURIÖSE WOHLFÜHLMOMENTE IM HOTEL MIGNON UND DEN ZAUBER MERANS AUF HÖCHSTEM NIVEAU.

Ein Rückzugsort für Menschen mit Sinn für das Besondere. Das Hotel Mignon liegt in zentraler Lage im charmanten Meran – ideal, wenn Sie Erholung, Kultur und stilvolle Stadterlebnisse miteinander verbinden möchten. Trotz der zentralen Position genießen Sie hier Ruhe und eine entspannte Atmosphäre.

Erleben Sie **echte Gastfreundschaft,** die von Herzen kommt. Das Hotel wird von Familie Amort Ellmenreich geführt und Sie spüren vom ersten Moment an, dass hier Wert auf **persönliche Betreuung** gelegt wird. Die geschmackvoll eingerichteten Zimmer bieten Ihnen modernen Komfort.

Gönnen Sie sich kleine Auszeiten voller Exklusivität: Ob am **privaten Pool mit Sonnenterrasse** oder bei einem Drink an der stilvollen Lounge-Bar – hier können Sie abschalten, genießen und neue Energie tanken.

Am Morgen erwartet Sie ein liebevoll angerichtetes, **internationales Frühstücksbuffet** – der perfekte Start in Ihren Tag im zauberhaften Meran. Am Abend verwöhnen wir Sie mit einem **Gourmet-Abendessen** in stilvollem Ambiente – ein kulinarisches Erlebnis, das alle Sinne anspricht.

HOTEL MIGNON MERAN PARK & SPA*****
I-39012 Meran/o | Via Karl-Grabmayr-Straße 5
Tel. +39 0473 23 03 53 | info@hotelmignon.com | www.hotelmignon.com

Notruf

Einheitlicher Notruf in der EU: Tel. 112 (Polizei, Unfallrettung, Feuerwehr, Bergrettung). Mit der App **112 Where ARE U** kann man mit dem Mobiltelefon einen Notruf absetzen und gleichzeitig seine GPS-Koordinaten an die Notrufzentrale mitsenden.

Reisezeit/Wetter

Südtirol liegt an der wetterbegünstigten Alpensüdseite, die kalten Luftströme aus dem Norden werden vom Alpenhauptkamm abgefangen. Während die Hochgebirgsgipfel ganzjährig schneebedeckt sind, ist das Klima in den Talböden von Etsch und Eisack fast mediterran. Das Frühjahr beginnt hier meist schon im März, der Herbst endet oft erst Anfang November. Die Hauptsaison ist Juli und August. Dann kann man in den wärmeren Bergseen baden und auch in hohen Lagen hervorragend wandern. Die Skisaison beginnt Anfang Dezember und endet etwa Anfang April.
Wetterbericht: http://wetter.provinz.bz.it
Webcams: www.webcams-suedtirol.com

Sport

Wandern und Bergsteigen: In Südtirol finden Wanderer wie hochalpine Kletterer ihr Terrain. Bei geringer Steigung kann man alten Bewässerungskanälen auf Waalwegen folgen. Ambitionierte zieht es eher auf lange Touren wie den Europäischen Fernwanderweg E 10. Eine Attraktion für Schwindelfreie sind die mit Eisenleitern und Drahtseilen gesicherten Klettersteige. Es gibt 14 Alpinschulen mit ca. 180 geprüften Bergführern (www.suedtirol.info/de/de/erlebnisse-und-events/sportliche-aktivitaeten/wandern-und-bergsteigen, www.alpenverein.it, www.bergfuehrer-suedtirol.it).
Radfahren: Wer locker über Dolomitenpässe radelt, kann bei der „Maratona dles Dolomites" mitfahren: 138 km, 8 Pässe, 4230 Höhenmeter (Juli; www.maratona.it). Gemütlicher ist z. B. der Etsch-Radweg, vom Reschen nach Meran und weiter an die südliche Grenze Südtirols. Oder der Pustertaler Radweg von Bruneck ins österreichische Lienz, wo er in den Drau-Radweg übergeht (www.suedtirol.com/bikeurlaub-suedtirol, www.mountainbiker.it).
Wassersport: Im Sommer sorgen Kalterer See, Montiggler See, Vahrner oder Völser Weiher für

Kitesurfer auf dem Reschensee

Erfrischung. Wenn das Wetter nicht mitmacht, findet man in den meisten größeren Orten Wellnesszentren wie die Therme Meran (s. S. 40), die Acquarena Brixen (www.acquarena.com) oder das Cron 4 im Pustertal (www.cron4.it). Das Mekka für Kiter und Windsurfer ist der Reschensee, auch einen Segelclub gibt es dort. Segler bevölkern überdies den Kalterer See (www.svks.it, www.segelverein-reschensee.com, https://kiteboarding-reschen.eu).
Golf: In Südtirol kann man auf vier 18-Loch- und fünf 9-Loch-Anlagen abschlagen. Mit viel Wasser ist die 9-Loch-Anlage in Eppan gestaltet. Im Golfclub Karersee findet im Juni der „Alpin Iron Man" statt, ein Turnier über 54 Loch mit einer Spieldauer von 12 Stunden.
Die Golfcard Südtirol ist eine Vorteilskarte für vier Golfrunden mit 20 % Ermäßigung auf die Greenfee (www.golfinsuedtirol.it).
Wintersport: Rund 30 Skigebiete gibt es in Südtirol; vom Schlepplift bis zur Großkabinen-Gletscherbahn ist alles vorhanden. Dolomiti Superski ist der weltweit größte Lift- und Pistenverbund. Der Skipass gilt für 15 Skigebiete zwischen Eisacktal, Pustertal und Fleimstal. Insgesamt 450 Lifte, 1220 km Abfahrtspisten und 1177 km Langlaufloipen stehen zur Verfügung. In der Hauptsaison kostet ein Tagespass ab 75 Euro (www.dolomitisuperski.com). Doch die Bandbreite der Wintersportaktivitäten reicht deutlich über den Skisport hinaus (s. S. 114).

Telefon

Die **Vorwahl** von Deutschland, Österreich und der Schweiz nach Italien lautet +39; aus Italien nach Deutschland +49, nach Österreich +43, in die Schweiz +41. Die **Ortsvorwahlen** sind in Italien Bestandteil der Festnetznummern. Bei Anrufen, auch aus dem Ausland oder innerhalb des Ortsnetzes, muss immer die Vorwahl **einschließlich der 0** mitgewählt werden. Dagegen haben **Mobilfunknummern** keine vorangestellte 0. Man erkennt sie an den dreistelligen Vorwahlen, die stets mit einer 3 beginnen. Das Handynetz ist ausgezeichnet, in den Bergen muss man jedoch mit Funklöchern rechnen. Beim EU-Roaming kosten Telefonieren, SMS und Surfen genauso viel, als würden Sie das Telefonat in Deutschland führen.

Unterkunft

Seit 2022 ist die Gesamtzahl der Gästebetten auf 239 088 limitiert, pro Betrieb sind max. 150 Betten erlaubt. Gute Adressen für **Apartments** und **Zimmer** findet man auf www.suedtirolprivat.com. Die **Bauernhöfe** vom Südtiroler Bauernbund Roter Hahn (www.roterhahn.it) halten für ihre Gäste bisweilen komfortable Chalets bereit. Auch die klassischen **Hotels** bieten mehr als Unterkunft und Essen. Das Spektrum reicht von Wellness- (www.belvita.it, www.suedtirol.info/de/de/unterkuenfte/fuer-wellnessfans, www.badlkultur.it) über Wein- (www.vinumhotels.com) oder Biohotels (www.suedtirol.com/unterkuenfte/suedtirol/hotel/biohotels) bis hin zu Wanderhotels (www.vitalpina.info).
Neben den üblichen **Campingplätzen** finden sich solche mit ausgefallenen Übernachtungsmöglichkeiten wie Baumhäusern oder Luxuszelten (www.suedtirol.info/de/unterkuenfte/camping, https://glamping.info/luxuscamping). Ausgewählte Unterkünfte benennen die Infoseiten. Dabei gelten obige Preiskategorien.

Preiskategorien

€€€€	Doppelzimmer	über 200 €
€€€	Doppelzimmer	150 – 200 €
€€	Doppelzimmer	100 – 150 €
€	Doppelzimmer	unter 100 €

Unterwegs mit ÖPNV

Mit der **Mobilcard** kann man an 1, 3 oder 7 aufeinanderfolgenden Tagen (20/30/45 €) alle öffentlichen Verkehrsmittel in ganz Südtirol nutzen. Erhältlich bei allen Tourismusämtern und den Verkaufsstellen des Südtiroler Verkehrsverbunds, www.suedtirolmobil.info/de/tickets/ticketfinder/mobilcard. Vor allem größere Städte und Regionen haben eigene **Gästekarten**, die Fahrten mit öffentlichen Verkehrsmitteln mit freien oder ermäßigten Seilbahnfahrten und Eintritten kombinieren. Einige Hotels stellen Gästen die Karten gratis zur Verfügung.

Info

Wetterdaten

	Tages-Temp. Max.	Tages-Temp. Min.	Tage mit Niederschlag	Sonnenstunden pro Tag
Januar	4°	−2°	4	4
Februar	8°	−1°	4	3
März	13°	3°	6	5
April	18°	7°	7	6
Mai	19°	9°	12	6
Juni	22°	10°	9	6
Juli	26°	14°	10	7
August	27°	15°	9	7
September	24°	12°	7	6
Oktober	17°	7°	7	5
November	10°	2°	8	3
Dezember	5°	−2°	5	3

Einfach sein, nichts müssen.

Eine mediterrane Schönheit, ein echtes Hideaway auf hohem Niveau. Unser familiengeführtes Hotel in Marling ist ein Ort des Seins, nicht des Müssens. Lassen Sie es einfach zu und entdecken Sie, wie wunderbar entspannend es sich anfühlt …

Ihre Ulrike Klammer
mit Anna und Alessandro

SÜDTIROL, Marling bei Meran
T +39 0473 447 177
info@giardino-marling.com
www.giardino-marling.com

REGISTER

Fette Ziffern verweisen auf Abbildungen.

IMPRESSUM

DUMONT Bildatlas Südtirol, 4. Auflage 2026
ISBN 978-3-616-02169-0

© MAIRDUMONT, Marco-Polo-Str. 1, 73760 Ostfildern

Redaktion: Christiane Wagner
Text: Margit Kohl
Exklusiv-Fotografie: Frank Heuer
Titelbild: Roland Gerth / Prisma by Dukas Presseagentur GmbH / Alamy Stock Photo (Ritten)
Zusätzliches Bildmaterial: Seite 3 u.: Margit Kohl; 3 o.: Frank Heuer; 22 li.: Forestis; 26 li., 28 li.: Frank Heuer; 52 (beide): laif/Frieder Blickle; 56 o.: Tiberio Sorvillo; 56 u. li.: mauritius images/CuboImages/Marco Simonini; 59 u.: Eggental Tourismus/Alex Filz; 61 Mitte: La Perla; 61 re.: La Perla/Gustav Willeit; 88 u.: laif/Thomas Linkel; 92 re.: IDM Südtirol/Benjamin Pfitscher; 93 o. li.: Kellerei Bozen; 93 u. re.: Kellerei Kurtatsch/Othmar Kiem; 97 re.: IDM Südtirol/Angelika Schwarz; 100 u.: Hotel Pragser Wildsee, Archiv; 111 o. re.: Lumen/Paolo Riolzi; 112 o. li.: DUMONT Bildarchiv/Udo Bernhart; 114 u. li.: IDM Südtirol/Frieder Blickle; 114 u. re.: IDM Südtirol/Manuel Kottersteger; 115 o. li.: IDM Südtirol/Harald Wisthaler; 115 o. re.: Drei Zinnen Marketing/F. Pitton; 115 u.: Udo Bernhart; 124 li.: Mineralienmuseum Teis; 125 o. re.: DUMONT Bildarchiv/Udo Bernhart; 125 u. li.: DUMONT Bildarchiv/Axel M. Mosler

© für Francesco Vezzoli (S. 84 u. re., Werke im Museion Bozen): VG Bild-Kunst, Bonn 2025

Grafische Konzeption: fpm factor product münchen
Cover-Gestaltung und Layout: CYCLUS · Visuelle Kommunikation, Stuttgart
Kartografie: © KOMPASS-Karten GmbH, A-6020 Innsbruck; MAIRDUMONT, D-73760 Ostfildern; Kartografie Lawall, D-72669 Unterensingen (Karten für »Unsere Favoriten«)
Reproduktionen: PPP Pre Print Partner, GmbH & Co. KG, Köln

Lob oder Kritik? Wir freuen uns auf eine Nachricht! Trotz gründlicher Recherche schleichen sich manchmal Fehler ein. Wir bitten um Verständnis, dass der Verlag dafür keine Haftung übernehmen kann.
Redaktion DUMONT Reise • MAIRDUMONT • info@dumontreise.de

Anzeigenvermarktung: MAIRDUMONT MEDIA, Tel. 0711/4502-0, Fax 0711/4502-1012, media@mairdumont.com, http://media.mairdumont.com

FSC
www.fsc.org
MIX
Papier | Fördert gute Waldnutzung
FSC® C155291

Printed in Germany

Anzeige

ENJOY THE
PARKHOTEL LAURIN
LIFE! 1910

**HOTEL, BAR, RESTAURANTS
IN DER ALTSTADT VON BOZEN**

CIN: IT021008A19X8GF4K2

LAURIN.IT Via Laurin 4. | Laurinstraße 4, Italy – 39100 Bolzano | Bozen, T +39 0471 311000, info@laurin.it

Urlaub erinnern …

Souvenirs können einen an schöne Orte der Reise zurückversetzen. Oft muss man nicht mal Geld dafür ausgeben, manchmal reicht auch die Erinnerung an einen magischen Moment.

KLANGWÄLDER

Beim nächsten Violinkonzert schließt man die Augen und träumt sich zurück zu seinem Spaziergang durch die Wälder am Latemar. Hier suchen Geigenbauer seit Stradivari nach mehr als 200 Jahre alten, perfekt gewachsenen Klangfichten. Enge Jahresringe und kerzengerader Wuchs zeichnen das hochwertige Holz aus. Ob es zum Musikinstrument taugt? Einfach klopfen und lauschen, ob es klingt.

ÜBERRASCHUNGSKUGEL

Von außen ist es eine unscheinbare Steinkugel. Eine Überraschung erlebt, wer so eine Teiser Kugel knackt: Innen funkeln die schönsten Kristalle aus Amethyst, Datolith und Prehnit. Finden kann man die kleinen Kunstwerke der Natur vor Ort, bei einer vom Mineralienmuseum Teis (s. S. 77) angebotenen Exkursion. Hohl klingende Kugeln kann man sofort aufschlagen, mit Achat gefüllte sollten geschnitten werden. Im Museumsshop kann man solche Drusen auch kaufen.

PALMENSAMEN

Im milden Klima von Meran gedeihen die schönsten Palmen, nicht nur in den Gärten von Schloss Trauttmansdorff. Doch hier gibt es die kälteresistenten Originalsamen der Meraner Hanfpalmen zu kaufen, die zu Hause mediterranes Flair in die Wohnung zaubern.

FILM AB!

Manchmal heißt es einfach innehalten, Platz nehmen und die Landschaft genießen. Dass das besser sein kann als Kino, weiß man, wenn man auf einem der dreißig Freiluftkinosessel des Knottnkinos auf dem Rotsteinkogel Platz genommen hat. Beim Rundblick übers Etschtal gibt es zu jeder Tageszeit ein anderes Naturspektakel zu bewundern. Der Eintritt ist frei!

HIGH IN THE SKY

Erinnerungsfoto der besonderen Art: Durch ein Glasbodenfenster des Sky Pools im Hotel Hubertus (s. S. 23) ist von unten die eigene Silhouette beim Schwimmen in himmlischen Höhen zu erkennen. Die Freunde daheim werden staunen.

HER MIT DEM SPECK!

Wir sagen Schinken, die Südtiroler Speck. Wer sicher sein will, dass der Speck tatsächlich von einheimischen Tieren stammt, erkennt das am Label „Südtiroler Bauernspeck". Da kann man das Fett getrost mitessen, denn es ist der Geschmacksträger Nummer eins. „Wer beim Speck das Weiße nicht ehrt, ist das Rote nicht wert", heißt es in Südtirol.

HERZEN IN FLAMMEN

Um einen Heiratsantrag handelt es sich nicht, wenn Ende Juni nachts an den Hängen des Passeiertals riesige Herzen in Flammen stehen oder die Jesusinitialen IHS oder INRI aufleuchten. Die Südtiroler – besonders die in der Heimat Andreas Hofers – erinnern mit den Herz-Jesu-Feuern an ihre Freiheitsliebe. Der Freiheit ein brennendes Herz legen, das kann man auch daheim, mit Teelichten auf der Terrasse oder im Garten.

ANDACHTSJODLER

Von Heino über Hansi Hinterseer bis zu den Kastelruther Spatzen – viele haben den Andachtsjodler schon gesungen. Das Original erklang erstmals in der Weihnachtsmesse 1833 in der Pfarrkirche Maria im Moos in Sterzing, wo die Tradition bis heute fortgesetzt wird. Wie schön, dass der Männergesangverein Sterzing auch eine CD davon aufgenommen hat, wenn man schon nicht dort sein kann: „Djo, djo-i-ri ..."

GUTE NACHT!

Was für ein Duft! Die Zirbe ist in den Südtiroler Bergen weit verbreitet. Ihr Holz behält den angenehmen Waldgeruch ziemlich lange, ganz so, als wäre es gerade frisch gefällt worden. Das Aroma des immergrünen Hochgebirgsbaums stärkt das Wohlbefinden. Zirbenholzkissen riechen nicht nur gut, sondern beruhigen auch das Herz-Kreislauf-System und sorgen so für eine ruhige Nacht.

EISBLUMEN-ZAUBER

Welch ein Naturschauspiel, wenn Tausende Apfelbäume die Region Natz-Schabs (S. 64) im Frühjahr in ein rosa Blütenmeer tauchen. Noch zauberhafter wird der Anblick, wenn eine schützende Eisschicht die zarten Blüten umhüllt. Denn sobald die Nachttemperaturen unter null Grad Celsius fallen, schalten die Bauern die Frostberegnung ein. Wärme, die beim Gefrieren des Wassers freigesetzt wird, schützt die kleinen Blüten vor dem Frost. Erste Sonnenstrahlen brechen dann die zarten Eispanzer auf und in den Apfelgärten ist ein leises Klirren zu hören.

ALPENGLÜHEN

Am Massiv des Rosengartens lässt die auf- und besonders die untergehende Sonne die Berge rot bis zartrosa leuchten. In der Mythologie wird das Naturschauspiel dem verzauberten Rosengarten des Zwergenkönigs Laurin zugeschrieben. Magisch!

LIEFERBARE AUSGABEN

SPANIEN NORDEN / JAKOBSWEG

Berge und Wellen
Aktivurlauber sind hier im Glück: Vormittags bergwandern, nachmittags ein Bad im Meer – geht problemlos!

Galicische Küche
Wer Fisch und Meeresfrüchte liebt, ist im Norden Spaniens goldrichtig!

Bilbao
... hat touristisch mächtig aufgeholt, vor allem dank des berühmten Museo Guggenheim Bilbao von Stararchitekt Frank O. Gehry.

www.dumontreise.de

JAPAN

Tokio
Mehr Großstadtfeeling als in Japans Megacity geht nicht!

Heiße Quellen
Ideal nach einer Stadtbesichtigung: ein paar Stunden im Onsen und man fühlt sich wie neugeboren!

Raus in die Natur!
Mit ein bisschen Zeit kann man in das ländliche Japan eintauchen, auf alten Pilgerwegen wandern und die phantastische Naturvielfalt des kleinen Landes entdecken.

DEUTSCHLAND
Allgäu
Altmühltal
Bayerischer Wald
Berlin
Bodensee
Brandenburg
Chiemgau, Berchtesg. Land
Dresden, Sächsische Schweiz
Eifel, Aachen
Elbe und Weser, Bremen
Franken
Frankfurt, Rhein-Main
Freiburg, Basel, Colmar
Hamburg
Hannover zw. Harz und Heide
Harz
Leipzig, Halle, Magdeburg
Lüneburger Heide
Mecklenburgische Seen
Mecklenburg-Vorpommern
Mosel
München
Münsterland
Nordseeküste Schleswig-Holstein
Oberbayern
Odenwald, Heidelberg
Osnabrücker Land
Ostfriesland
Ostseeküste Mecklenburg-Vorpommern
Ostseeküste Schleswig-Holstein
Pfalz
Rhein zw. Köln und Mainz
Rhön
Rügen, Usedom, Hiddensee
Ruhrgebiet
Saarland
Sachsen
Schwarzwald Norden
Schwarzwald Süden
Spreewald, Lausitz
Stuttgart, Schwäbische Alb
Sylt, Amrum, Föhr
Teutoburger Wald
Thüringen
Weserbergland

BENELUX
Amsterdam
Flandern, Brüssel
Niederlande

FRANKREICH
Bretagne
Côte d'Azur
Elsass
Frankreich Südwesten Okzitanien
Französische Atlantikküste
Korsika
Normandie
Paris
Provence

GROSSBRITANNIEN/ IRLAND
Irland
London
Schottland
Südengland

SÜDEUROPA
Apulien, Kalabrien
Gardasee
Golf von Neapel, Kampanien
Istrien, Kvarner Bucht
Italien, Norden
Kroatische Adria
Malta
Oberitalienische Seen
Piemont, Turin
Rom
Sardinien
Sizilien
Slowenien
Südtirol
Toskana
Venedig, Venetien

GRIECHENLAND/ ZYPERN/TÜRKEI
Istanbul
Kreta
Türkische Südküste, Antalya
Zypern

MITTEL- UND OSTEUROPA
Baltikum
Danzig, Ostsee, Masuren
Krakau, Breslau, Polen Süden
Prag

ÖSTERREICH/ SCHWEIZ
Kärnten
Salzburger Land
Schweiz
Tirol
Wien

SPANIEN/PORTUGAL
Algarve
Andalusien
Barcelona
Gran Canaria, Fuerteventura, Lanzarote
Kanarische Inseln
Lissabon
Madeira
Mallorca
Porto, Portugal Norden
Spanien Norden, Jakobsweg
Teneriffa, La Palma, La Gomera, El Hierro

SKANDINAVIEN/ NORDEUROPA
Dänemark
Finnland
Hurtigruten
Island
Norwegen Norden
Norwegen Süden
Schweden Süden, Stockholm

LÄNDERÜBERGREIFENDE BÄNDE
Donau – Von der Quelle bis zur Mündung
Freiburg, Basel, Colmar

AUSSEREUROPÄISCHE ZIELE
Australien Osten, Sydney
Australien Süden, Westen
Bali, Lombok
Costa Rica
Dubai, Abu Dhabi, VAE
Florida
Iran
Israel, Palästina
Japan
Kalifornien
Kanada Osten
Kanada Westen
Kuba
Marokko
Namibia
New York
Saudi-Arabien
Sri Lanka
Südafrika
Thailand
Vietnam